世界经典名车译丛

极速定义
百万美元级跑车鉴赏

【英】马丁·德里克（Martin Derrick） 编著

祝加琛　于君华　译

汽车自诞生之日起就不断改变着我们的生活，汽车工程师将自己的创意和梦想一次又一次变为现实。跑车将动力和性能发挥到极致，并不断追求速度极限。

跑车代表了汽车的奢华领域，本书介绍的都是百万美元级别的跑车，其中包括汽车发展的先驱——迪昂、布东和特赫巴杜蒸汽汽车，以及布加迪、梅赛德斯-奔驰、阿斯顿·马丁、阿尔法·罗密欧、玛莎拉蒂和法拉利等世界知名汽车制造商的经典车型。

Million Dollar Classics: The World's Most Expensive Cars / by Martin Derrick /ISBN 978-1-908247-00-1

Copyright © 2017 by BlueRed Press. All rights reserved.

No part of this book may be reproduced by any means whatsoever without written permission from the publisher. The Chinese edition Copyright © 2020 by China Machine Press.

This title is published in China by China Machine Press with license from BlueRed Press. This edition is authorized for sale in China only, excluding Hong Kong SAR, Macao SAR and Taiwan, Unauthorized export of this edition is a violation of the Copyright Act. Violation of this Law is subject to Civil and Criminal Penalties.

本书由 BlueRed Press 授权机械工业出版社在中国境内（不包括香港、澳门特别行政区及台湾地区）出版与发行。未经许可之出口，视为违反著作权法，将受法律之制裁。

北京市版权局著作权合同登记 图字：01-2018-5018号。

图书在版编目(CIP)数据

极速定义：百万美元级跑车鉴赏 /（英）马丁·德里克（Martin Derrick）编著；祝加琛，于君华译. —北京：机械工业出版社，2019.10

（世界经典名车译丛）

书名原文：Million Dollar Classics: The World's Most Expensive Cars

ISBN 978-7-111-64391-3

Ⅰ.①极… Ⅱ.①马… ②祝… ③于… Ⅲ.①跑车—世界—图集 Ⅳ.① U469-64

中国版本图书馆 CIP 数据核字 (2019) 第 293628 号

机械工业出版社（北京市百万庄大街22号 邮政编码100037）

策划编辑：李 军　　　　责任编辑：李 军　谢 元

责任校对：张 征　史静怡　责任印制：张 博

北京新华印刷有限公司印刷

2020年1月第1版第1次印刷

218mm×252mm·12印张·2插页·502千字

标准书号：ISBN 978-7-111-64391-3

定价：88.00元

电话服务　　　　　　　　　　网络服务

客服电话：010-88361066　　机 工 官 网：www.cmpbook.com

　　　　　010-88379833　　机 工 官 博：weibo.com/cmp1952

　　　　　010-68326294　　金 书 网：www.golden-book.com

封底无防伪标均为盗版　　　　机工教育服务网：www.cmpedu.com

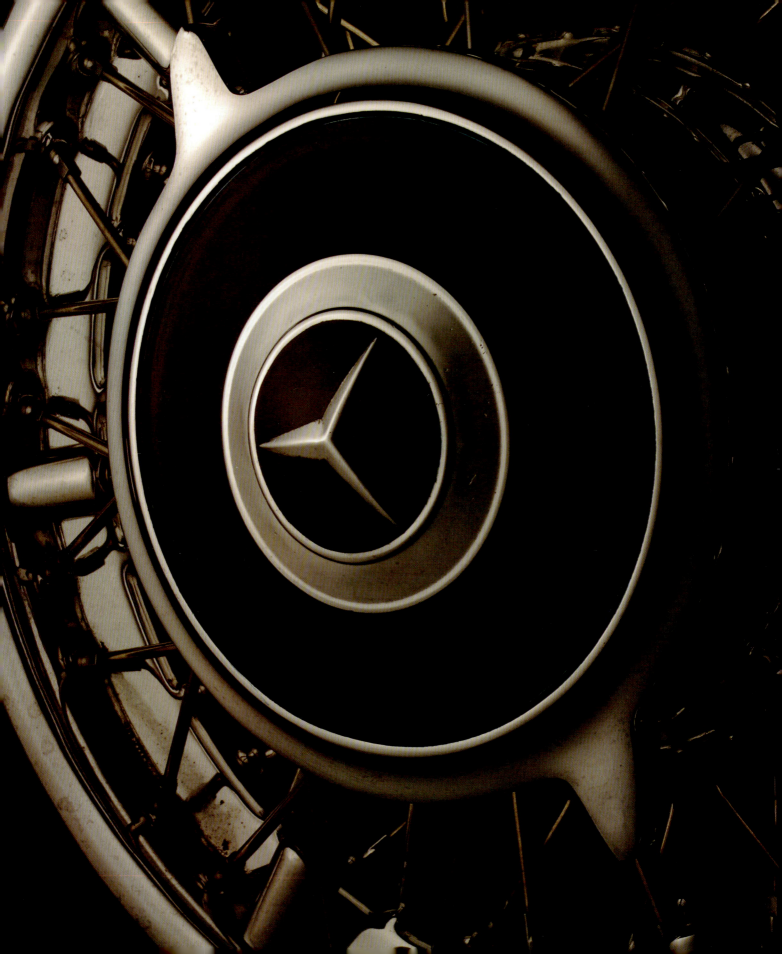

目录
CONTENTS

1884年	迪昂、布东和特赫巴杜蒸汽汽车（De Dion Bouton et Trepardoux Dos a Dos Steam）	6
1912年	布加迪5 Litre	10
1913年	布加迪Black Bess 5 Litre Type 18	13
1930年	迪森贝格Model J Dual Cowl Phaeton	16
1930年	梅赛德斯-奔驰SS	20
1931年	布加迪Royale Type 41	24
1932年	布加迪Type 55	27
1933年	布加迪Type 59 Supercharged 3.3 Litre	30
1933年	迪森贝格Model SJ Phaeton	34
1934年	帕卡德12 Runabout LeBaron Speedster	38
1935年	迪森贝格SJ Speedster Mormon Meteor	42
1935年	迪森贝格SJN Convertible Coupé	45
1935年	阿斯顿·马丁Ulster LM19	48
1936年	梅赛德斯-奔驰540K Cabriolet A	52
1937年	阿尔法·罗密欧8C 2900B Cabriolet	56
1937年	布加迪Type 57S	60
1937年	梅赛德斯-奔驰540K Special Roadster	63
1938年	阿尔法·罗密欧8C Tipo 2900B	66
1938年	德拉艾135 MS Competition Cabriolet	70
1938年	塔尔博特-拉戈T23 Teardrop Coupé	74
1939年	梅赛德斯-奔驰W154	78
1941年	克莱斯勒Thunderbolt	82
1948年	法拉利166 Scaglietti Spyder	86
1948年	塔克Sedan	89
1952年	捷豹C-Type	92
1953年	法拉利250 MM Spyder	96
1953年	玛莎拉蒂A6 GCS	100
1954年	梅赛德斯-奔驰W196R	104
1954年	法拉利250 Monza Spyder	108
1955年	捷豹D-Type	112
1955年	梅赛德斯-奔驰300 SLS Prototype Roadster	116
1956年	玛莎拉蒂Tipo 52 200 SI Sport Internationale	120
1956年	保时捷550 Rennsport Spyder	124
1957年	法拉利250 Pontoon Fender Testa Rossa	128
1957年	法拉利335 Sport Scaglietti	132
1959年	法拉利250 GT TdF Berlinetta	136
1959年	法拉利246 S Dino	140
1960年	阿斯顿·马丁DB4 GT	144
1960年	玛莎拉蒂Tipo 61 "Birdcage"	148
1961年	法拉利250 GT SWB Berlinetta Sefac Hot Rod	152
1962年	阿斯顿·马丁DB4 Zagato	155
1962年	法拉利250 GT California Spyder SWB	158
1962年	法拉利330 TRI/LM Testa Rossa	162
1963年	谢尔比代托纳（Shelby Daytona）Coupé	166
1964年	福特GT40	170
1964年	谢尔比眼镜蛇车队CSX 2431	174
1966年	法拉利250 LM	178
1967年	法拉利NART Spyder	181
1996年	迈凯伦F1	184
2014年	阿斯顿·马丁DB10	188

注：1马力约等于0.735千瓦。

1884年

制造于19世纪的任何一辆汽车都有很重要的历史意义,但是最重要的应该是1884年由迪昂、布东和特赫巴杜三人在他们位于巴黎郊区皮托工厂制造的原型车。这辆由蒸汽机驱动的汽车不仅预示着汽车发展初期最重要的一家制造公司的开端,而且据说它还赢得了世界上第一次汽车比赛的冠军。1887年,这辆蒸汽汽车以42千米/时的平均速度首先跑完了30千米赛程。

这辆汽车没有车身,本质上讲它就是根据传统马车造型制造的,前面装有一个大水箱和一台垂直燃烧锅炉,下面有两台蒸汽机,每台蒸汽机驱动两台发动机,这四台发动机分别驱动两个后轮。锅炉的燃料可以是焦炭、煤或木材,需要燃烧约40分钟才能达到驱动汽车所需的压力。

车上有四个座位,前后各两个,背靠背放置,因此人们给它起了Dos a Dos(法语背靠背的意思)的名字。

为了纪念自己的母亲,迪昂侯爵亲切地称这辆车为"侯爵夫人"。他对这辆汽车有很深的感情,尽管随后很多年里他又制造了很多辆别的汽车,唯独这辆汽车他一直保存了很多年。

1894年,迪昂和布东两人认识到四冲程内燃机是汽车界的未来,随后不久蒸汽机专家特赫巴杜离开了公司。事实证明迪昂和布东是明智的,而且曾几何时迪昂-布东是世界上最大的汽车制造商,仅仅在1900年就制造了大约400辆汽车和3200台发动机,并向很多制造商提供发动机技术。

这辆蒸汽汽车在很早就被公认为是一辆先驱汽车,1925年它就在法国格勒诺布尔举行的盛大展览会上展出。此后它又来到英国,并在1991年赢得了英国国家蒸汽机遗产奖。后来它又获得了很多荣誉,例如在1997年的圆石滩老爷车展上被《汽车季刊》(Automobile Quarterly)评为展览上最具历史意义的汽车。

1996年,它参加了在伦敦举行的路易斯·威登老爷车比赛,并且从那时起它又开始参加每年一度的伦敦-布莱顿老爷车比赛,在那里它是完成比赛的最古老的汽车。

在2007年的圆石滩老爷车展上,它被拍出了352万美元的高价。

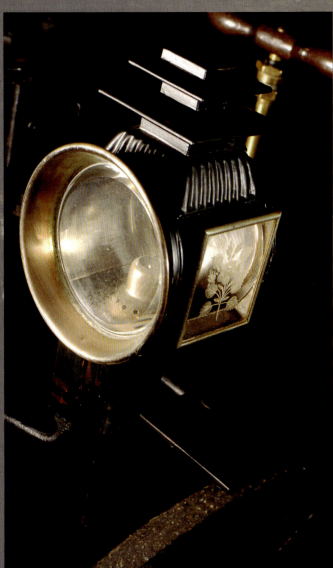

迪昂、布东和特赫巴杜蒸汽汽车
（De Dion Bouton et Trepardoux Dos a Dos Steam）

原产国	法国
车身设计	传统
制造时间	1884年
功率	2马力（5200转/分）
最大转矩	–
最大速度	61千米/时
0—97千米/时加速时间	–
变速器	直接变速
发动机	两台串联蒸汽机
长度	–
宽度	–
轴距	–
重量	–
制动器	–
悬架	刚性车轴悬架
拍卖价格	352万美元（2007年）

布加迪5 Litre

1912年

　　1910年，埃托雷·布加迪从位于德国科隆的道依茨公司辞职后，来到莫尔塞姆成立了自己的公司。他给一些潜在客户发了一份公开信，声称他打算制造一辆完全新型的汽车。

　　他写道："考虑到迄今为止为实现速度和动力付出的巨大代价，我决定研制一辆全新系列的轻型汽车，这辆汽车能够提供同样的服务，享受同样的品质和自由，但是可以将它从那个巨大的重量中解救出来。"

　　果不其然，布加迪早期的10型汽车的重量仅为349千克，量产后生产线上又增加了改进后的13型和15型。其中一辆15型在1910年卖给了奥匈帝国的霍亨洛王子，它是今天世界上历史最悠久的布加迪汽车。

　　那一年也标志着布加迪汽车第一次参加汽车比赛，当时M.达里钦驾驶一辆标准的布加迪13型汽车参加了在诺曼底举行的盖隆山地赛，最终他在房车组别中获得第二名。很快，布加迪汽车又出现在其他山地赛中，并在1911年参加了法国大奖赛，在那里欧内斯特·弗里德里克赢得了自己组别的冠军。

　　受这些早期比赛成功的推动，布加迪又研制了一种专门用于比赛的型号——18型。1912年到1914年间，布加迪共制造了四辆18型，它们搭载的是5升排量发动机，每个气缸上有三个气门。这些汽车不同寻常，它们是带有布加迪车标唯一的链传动汽车。其实早在以前，布加迪为道依茨公司研制的8型汽车采用的就是链传动。多片离合器也与他为道依茨公司设计的产品很相似。后悬架采用的是反向四分之一椭圆叶片弹簧，道依茨汽车上采用的则是半椭圆叶片弹簧。

　　四辆18型比赛型号的第一辆，由布加迪自己驾驶参加1912年在法国阿维尼翁举行的冯杜山山地赛。其双座车身安装了一个细长的尾巴，这在空气动力学方面可能有帮助。但是该车没有设计行李舱，因此当布加迪驾车从莫尔塞姆赶来参加比赛时，他不得不将行李绑在汽车前部。

　　布加迪在冯杜山山地赛中第四个冲过终点，以19分钟16.4秒跑完了21.3千米赛程获得自己组别的冠军。

　　18型的数量非常稀少。在2009年的一场拍卖会上，由布加迪本人驾驶的那一辆估价为180万~240万欧元，但并没有售出。

布加迪5 Litre

原产国	法国
车身设计	布加迪
制造时间	1912—1914年
功率	100马力（2800转/分）
最大转矩	—
最大速度	160千米/时
0—97千米/时加速时间	—
变速器	4档手动
发动机	5.027升直列4缸
长度	—
宽度	—
轴距	2550毫米
重量	1250千克
制动器	后轮鼓式制动器
悬架	活动轴悬架，装有半椭圆叶片弹簧和摩擦阻尼器（前）
	活动轴悬架，装有反向四分之一椭圆叶片弹簧（后）
拍卖价格	236~315万美元（2009年）

布加迪Black Bess 5 Litre Type 18

1913年

1912年,埃托雷·布加迪在莫尔塞姆成立了自己的公司,并开始制造少量专门用于比赛的4缸排量为5升的汽车。他自己在1912年驾驶一辆参加冯杜山山地赛,并赢得了自己组别的冠军。其他几辆随后参加了1914年印第安纳波利斯500大奖赛、1915年范德比尔特杯和加利福尼亚大奖赛,但成绩并不出众。

18型汽车是基于早期道依茨设计研制的,因为之前布加迪曾在道依茨公司工作,后来辞职成立了自己的公司。布加迪在18型上采用了链传动,它也是唯一采用链传动的布加迪汽车。4缸5升发动机每个气缸上有三个由凸轮轴驱动的气门,在2800转/分时能输出100马力的功率。这种三气门气缸盖设计几乎成为布加迪的标志,后来很多著名型号都采用这种设计,其中就包括传奇的35型。

早在1912年,布加迪汽车就以其出色的性能而闻名,据称18型的最高速度能达到161千米/时,但需要考虑的是只有后轮装有制动器。

但是将布加迪汽车带向世界的不仅仅是出色的性能,下面就是一个具体的例子。1913年9月,法国飞行员罗兰·加洛斯购买了一辆布加迪18型汽车,接着他向拉布尔代特车身公司订购了一个紧凑鱼雷车身。但是随着1914年第一次世界大战爆发,这辆车很少使用,而且在停战前夕加洛斯不幸牺牲。后来这辆车被卖给了光束(Sunbeam)汽车公司的首席工程师路易斯·科塔伦,接着他又在1919年将这辆汽车卖给了艾维·卡明斯。他给它起了"Black Bess"的绰号,驾驶它参加各项比赛一直到1924年。

接着这辆车又被卖给了LH·普雷斯顿,他驾驶这辆车在加拿大布鲁克兰参加比赛,很快他又将它卖给了著名演员詹姆斯·罗伯逊·贾斯蒂斯。后来它的主人又换成了英国布加迪车主俱乐部的主席贾尔斯上校,他收藏一段时间后在1938年将它以200英镑的价格卖给了罗德尼·克拉克。10年后它以400英镑的价格被卖给了彼得·汉普顿,他一直收藏这辆车一直到1988年,接着他便将它卖给了一名无名的布加迪狂热爱好者。

即使没有如此辉煌的历史,仅凭借稀少的数量,这辆5升布加迪汽车在汽车历史上的地位也会很高。在2009年的巴黎Retromobile展览上,这辆车被拍出了242.75万美元的高价。

布加迪Black Bess 5 Litre Type 18

原产国	法国
车身设计	拉布尔代特
制造时间	1912—1914年
功率	100马力（2800转/分）
最大转矩	-
最大速度	160千米/时
0—97千米/时加速时间	-
变速器	4档手动
发动机	5.027升直列4缸
长度	-
宽度	-
轴距	2550毫米
重量	1250千克
制动器	后轮鼓式制动器
悬架	活动轴悬架，装有半椭圆叶片弹簧和摩擦阻尼器（前）活动轴悬架，装有反向四分之一椭圆叶片弹簧（后）
拍卖价格	242.75万美元（2009年）

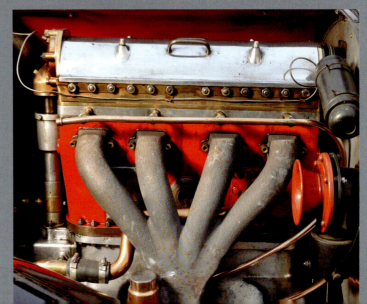

1930年

1926年，埃里特·洛班收购了迪森贝格公司，此前他曾经让濒临破产的奥本公司重现辉煌，现在他想要给迪森贝格公司带来同样的变化，将迪森贝格公司从第一次世界大战后低迷的经营中挽救出来。

他交给迪森贝格兄弟的任务简单而又雄心勃勃，即制造世界上最好的汽车，比西斯巴诺-苏伊莎、劳斯莱斯、布加迪更好。兄弟俩响应热情，制造出了一辆让洛班非常满意的汽车。迪森贝格J型拥有令人惊叹的性能（最高速度超过175千米/时），最高品质的工程标准、漂亮的车身和最奢华的内饰。

迪森贝格J型搭载了一台6.882升直列8缸双顶置凸轮轴发动机，每个气缸有四个气门，这台发动机的功率达到265马力，这在当时绝对是一个惊人的数字。1929年顾客从工厂订购一个底盘的价格为8500美元，但到了1931年这个数字上升到了9500美元，要知道当时一辆福特家用轿车的售价仅为600美元！当购买到底盘（每个底盘要进行161千米的测试后才会被送往车身制造商），顾客会选择一个合适的车身，车身的价格为3000~20000美元。

其中一家车身制造商是勒巴隆（LeBaron）公司，它为迪森贝格J型提供了很多不同样式的车身。这些车身可以安装在长轴距或短轴距底盘上，并且可以是开放式或封闭式的。最流行的是四座敞篷车，它们也被命名为勒巴隆（LeBaron）。不常见的是"桶侧"车身，车身的上边缘向内卷曲。勒巴隆公司的生产线上还有一种不常见的平行四边形模具。采用"桶侧"车身的汽车数量只有五辆，这种J型就显得更为独特。

迪森贝格J型是非常奢华的，只是为当时那些最富有的特权人士准备的。当时的广告语也反映出这一点："他驾驶一辆迪森贝格"或"她驾驶一辆迪森贝格"。

迪森贝格的独特性和稀有性在多年的通货膨胀中有很好的体现。这辆迪森贝格 Model J Dual Cowl Phaeton在1990年的拍卖价格为132万美元。但是到2006年再次拍卖时，它的价格涨到了319万美元。

迪森贝格Model J Dual Cowl Phaeton

原产国	美国
车身设计	勒巴隆
制造时间	1929—1937年
功率	265马力（4250转/分）
最大转矩	507牛·米（2000转/分）
最大速度	175千米/时
0-97千米/时加速时间	10.5秒
变速器	3档手动
发动机	6.882升直列8缸
长度	5652毫米
宽度	1828毫米
轴距	3619毫米
重量	2390千克
制动器	鼓式制动器
悬架	梁式轴悬架，装有半椭圆弹簧和液压杆减振阻尼器（前） 活动轴悬架，装有半椭圆弹簧和液压杆减振阻尼器（后）
拍卖价格	319万美元（2006年）

梅赛德斯-奔驰SS

1930年

据说，梅赛德斯-奔驰在1927—1932年间制造的大约400辆S型汽车上都赔了钱，但这些汽车都成为展示其技术和产品的移动广告。第一次世界大战期间，公司就已经学会如何对航空发动机增压，但后来德国战败，《凡尔赛条约》禁止德国进一步发展和制造航空发动机。但是当费迪南德·保时捷成为公司的首席工程师后，很好地利用了发动机增压技术，并开始研制一种新型跑车。

1928年有S（Sport）型和SS（Super Sport）型；1929年有SSK（Super Sport Kurz－"Short"）型；1931年有SSKL（Super Sport Kurz Leicht－"Short Light"）型。1927年，纽博格林大奖赛上一辆梅赛德斯-奔驰S型获得冠军，并且让观众对增压发动机产生了极大的兴趣。随后，它便衍生出了一系列型号。

在SS型上，发动机的排量从6800毫升提高到了7065毫升。鲁迪·卡拉乔拉驾驶这辆车赢得了1928年德国大奖赛，并在1929年打败了三辆"吹扫者"宾利赛车赢得阿尔斯特旅游奖杯。

梅赛德斯-奔驰SS型也被称为38/250，它正是人们想要的高性能跑车，并很快赢得了当时世界上最好的汽车之一的声誉。它将动力和美观融合在一起，在接下来几年里很多制造商都开始效仿。

SS型比S型重量略轻，但功率增加至200马力。它的最高速度能达到185千米/时，0—97千米/时加速时间不到15秒，这些数据在今天看来也许一般，但在1928年绝对是超级跑车的性能。大多数型号都采用厂配的四座轿车车身，但也有一些采用了车身制造商的车身。

有证据表明梅赛德斯-奔驰SS型的产量总共有173辆，尽管名义上讲它的生产一直持续到1933年，但其中大部分都是1930年以前制造的。当时，费迪南德·保时捷由于董事会内部矛盾离开了公司，但他留下的遗产一直存在一系列华丽的跑车上，将野蛮的爆发力和低调的优雅完美融合在一起。

这样优秀的型号很少在拍卖会上出现。在2010年的秋季拍卖会上出现了这辆1930 梅赛德斯-奔驰38/250 SS Sports Tourer，最终的拍卖价格为253.7万美元。有人说，以这样的价格买一辆标志性的跑车真是太划算了。

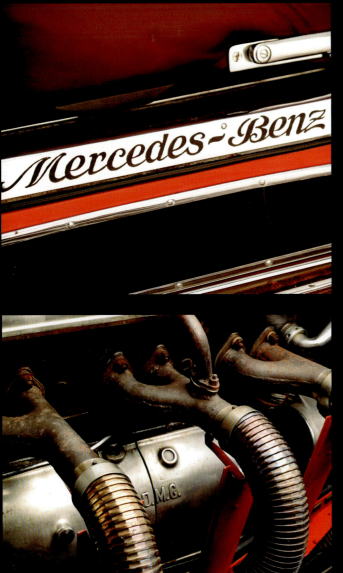

梅赛德斯-奔驰SS

原产国	德国
车身设计	梅赛德斯-奔驰
制造时间	1928—1933年
功率	200马力（3400转/分）
最大转矩	450牛·米
最大速度	185千米/时
0—97千米/时加速时间	15秒
变速器	4档手动
发动机	7.065升直列6缸
长度	5200毫米
宽度	1700毫米
轴距	3400毫米
重量	2268千克
制动器	鼓式制动器
悬架	活动轴悬架，装有半椭圆叶片弹簧和摩擦阻尼器（前）
	活动轴悬架，装有半椭圆叶片弹簧和摩擦阻尼器（后）
拍卖价格	253.7万美元（2010年）

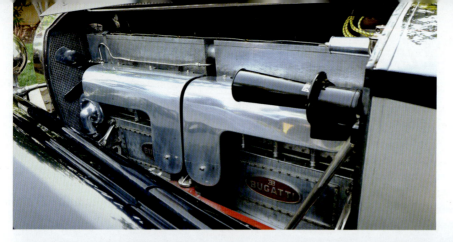

布加迪Royale Type 41

1931年

布加迪41型的目标客户是国王、王后、皇帝和其他国家元首。埃托雷·布加迪早在1913年就开始设想制造一辆大型豪华轿车,他设想这辆轿车要比劳斯莱斯更大但更轻便,拥有封闭车身,最高速度能达到150千米/时,噪声更小。毫无疑问,它将是一辆超越所有批评的机器。

第一辆原型车制造于1926年,它安装了一个来自帕卡德公司的开放式车身。布加迪希望以它为基础生产一批25辆,但后来爆发经济危机,实际制造的只有6辆,而且只卖出了3辆。1928年的生产的一辆装有奇怪比例的双车门和三座轿车车身,同年生产的第3辆采用了经典马车的风格,换成了优雅的四门车身。

布加迪继续寻找更现代化的外观,1929年他选择了由巴黎威曼公司制造的更优雅的双门车身。后来这辆车在一次事故中撞毁,修理时采用了由年轻的简·布加迪设计的新型车身。这个设计与迪森贝格汽车很相似,并被命名为"拿破仑轿车"。

当时它是世界上最大的汽车,搭载了一台排量为15升的发动机,后来生产型号的排量减至12.7升。这种发动机是以法国空军航空发动机为基础研制的,每个气缸上有3个气门,但只有一个化油器。

第一辆布加迪41型在1932年由商人阿曼德·艾德思购得,他安装了漂亮的敞篷车身,前面并没有车灯,因为他没有晚上开车的打算。后来这辆车又被巴黎的亨利·宾得装上了轿跑车身,据说,在1999年它被大众公司(布加迪品牌的所有者)以1500万美元的价格购得。

还有几辆布加迪41型陈列在底特律的亨利·福特博物馆和法国国家汽车博物馆。有一辆在1991年以800万美元的价格卖给了加利福尼亚的黑鹰收藏会。还有一辆安装了凯尔纳车身,在1983年被拍出了870万美元,后来在1990年车主又以1570万美元的价格卖给了日本的明达科公司,接着在2001年公司以1000万美元的价格将它出售。当时价格也许有些下滑,但它的售价绝对不会低于1000万美元。

布加迪Royale Type 41

原产国	法国
车身设计	各种样式
制造时间	1929—1933年
功率	300马力（1700转/分）
最大转矩	785牛·米
最大速度	160千米/时
0—97千米/时加速时间	10.5秒
变速器	3档手动
发动机	12.7升直列8缸
长度	6401毫米
宽度	—
轴距	4300毫米
重量	3175千克
制动器	鼓式制动器
悬架	实心轴悬架，装有半椭圆叶片弹簧和摩擦阻尼器（前）
	活动轴悬架，装有四分之一椭圆叶片弹簧和摩擦阻尼器（后）
拍卖价格	1000万美元（2001年）

布加迪Type 55

1932年

埃托雷·布加迪是一个汽车天才,他创建的公司凭借高性能跑车和赛车在汽车界享有很高的声望。随着时间的流逝,他的儿子简·布加迪接过了他的衣钵,而且事实证明他的儿子也是一个天才。

布加迪55型问世于1931年的巴黎汽车展,它采用了54型大奖赛赛车的底盘,搭载了一台来自51型大奖赛赛车的2.3升双凸轮轴发动机,这台发动机装有一个奇尼斯化油器和一台鲁特斯型增压器。工程师让增压器略微失谐,以减小压缩比,让发动机能够使用当时标准的汽油。尽管如此,它的性能仍然非常出色,当时道路测试者声称它的最高速度能达到180千米/时。

布加迪55型不仅性能出色,而且外观非常迷人。它的车身各种各样,大部分都是由独立车身制造商提供的;7辆采用了厂配轿车车身;16辆采用的则是简·布加迪在22岁时亲自设计的优雅的双座敞篷车身。

车身前面是传统的布加迪马蹄形格栅前脸,前脸两侧各有一条长长的流动翅膀线,在车门处急速下降(方便上车)然后上升,一直延伸到车尾。有人认为这种风格为后来量产的布加迪跑车提供了灵感。

这种设计让55型显得与众不同,它利用车身造型让发动机舱盖和行李舱盖两侧逐渐变细,让简·布加迪可以采用双色配色方案。

布加迪55型经常被称为有史以来最具吸引力的跑车,问世后它在法国的售价高达72500法郎,这在20世纪30年代初期绝对是一笔巨款。大多数人购买后将它用作道路车辆,但也有一些被用作比赛,例如1934年的勒芒24小时耐力赛,布鲁内特驾驶的55型曾在激烈的竞争中排名一度达到第五位。55型的总产量为38辆,其中幸存下来的大约30辆,其中6辆属于法国国家汽车博物馆。市场上很少出现它的身影,当然也有例外,有一辆在2003年被拍出了110.8万英镑的高价;还有一辆在2008年被拍出了209.75万欧元的高价。

布加迪Type 55

原产国	法国
车身设计	简·布加迪
制造时间	1931—1935年
功率	130马力（5000转/分）
最大转矩	175牛·米
最大速度	180千米/时
0—97千米/时加速时间	13秒
变速器	4档手动
发动机	2.262升直列8缸
长度	4700毫米
宽度	1760毫米
轴距	2750毫米
重量	1200千克
制动器	缆索式鼓式制动器
悬架	活动轴悬架，装有半椭圆叶片弹簧和摩擦阻尼器（前）活动轴悬架，装有四分之一椭圆叶片弹簧和摩擦阻尼器（后）
拍卖价格	275.23万美元（2008年）

1933年

当竞争对手开始采用独立悬架和液压制动系统时，布加迪59型大奖赛赛车仍然采用实心轴和缆索式鼓式制动器。尽管在很多方面都落后于时代，但它仍然是一辆成功的布加迪大奖赛赛车。

布加迪59型本质上是在54型短轴距底盘上硬塞进了一台2.8升直列8缸增压发动机的车型。

新赛车于1933年首次出现，不过后来在1934年出现了750千克的规则，因此工程师不得不进行改装并通过在底盘上钻孔来减轻重量。经过多次失败之后，德雷富斯和维米耶驾驶59型赛车分别在1934赛季的比利时大奖赛和阿尔及尔大奖赛上获得冠军。但后来埃托雷·布加迪退出了大奖赛，他认为自己无法与阿尔法·罗密欧、梅赛德斯-奔驰和汽车联盟在一个公平的竞争环境中比赛。原因是当时意大利和德国都会在财政上支持自己国家的车队，而法国政府则选择拒绝在财政上支持布加迪车队。但是布加迪59型赛车的比赛生涯并没有结束，布加迪将四辆59型赛车出售给英国的私人车队，在他们手中59型在接下来的几年里又陆续赢得几项为数不多的大奖赛冠军。此外，布加迪还将一辆59型卖给了比利时国王利奥波德。

布加迪59型的2.8升发动机即使在鲁特斯型增压器和双齐尼斯化油器的帮助下也很难有竞争力。工程师尝试将行程从88毫米加大到100毫米，将排量提高到3.25升，尽管速度显著提高但稳定性变得很差。此外，安装在发动机和后轴之间的4档变速器是一个很明显的缺点。

59型的外观与之前的35型一样优雅，马蹄形格栅前脸、锥形车体和全铝合金车身。它还是第一辆采用"钢琴丝"轮辐的布加迪跑车，钢丝只需要支撑径向载荷，铝制背板处理扭转载荷以及加速和制动载荷。

布加迪最初计划制造12辆59型底盘，但最终只完成了8辆，幸存下来的只有5辆。它最后一次出现在拍卖会上是在2005年，当时的成交价格为1321500英镑（203.31万美元）。

布加迪 Type 59 Supercharged 3.3 Litre

原产国	法国
车身设计	布加迪
制造时间	1933—1936年
功率	250马力（5500转/分）
最大转矩	-
最大速度	256千米/时
0—97千米/时加速时间	-
变速器	4档手动
发动机	3.257升直列8缸
长度	3744毫米
宽度	1630毫米
轴距	2597毫米
重量	748千克
制动器	缆索式鼓式制动器
悬架	实心轴悬架，装有半椭圆叶片弹簧和摩擦阻尼器（前） 活动轴悬架，装有反向四分之一椭圆叶片弹簧和摩擦阻尼器（后）
拍卖价格	203.31万美元（2005年）

迪森贝格
Model SJ Phaeton

1933年

迪森贝格兄弟——奥吉和弗雷德,从1920年就开始制造赛车,并很快推出了第一辆道路汽车——A型。在他们的公司被埃里特·洛班收购前,他们总共制造并售出了大约600辆。洛班已经让濒临破产的奥本公司恢复生机,现在他鼓励迪森贝格兄弟研制美国最好的汽车,资金不是问题。

在1928年12月的纽约车展上,一辆强劲而又美丽的迪森贝格J型出现在大家面前。它搭载了一台由飞机制造商莱康明研制的直列8缸发动机。这台发动机有两根顶置凸轮轴,每个气缸上有四个气门,它在4250转/分时能输出265马力的功率,这个数字在当时几乎是市场上类似车型的两倍。

它立刻就获得成功,很多好莱坞明星,例如加里·库珀、克拉克·盖布尔、格里塔·嘉宝和梅来·韦斯特都是它的顾客。迪森贝格兄弟成功创造出了一辆世界上最优秀、最豪华的汽车之一。但是由于汽车太重、体积过大,性能并不出众。

工程师给出的解决方案是采用离心式增压器,将发动机功率提升到320马力,让它有实力与当时最好的超跑一决高下。这种增压型号被称为SJ型,它的外观特点是从发动机侧面突出的镀铬排气管。

与迪森贝格J型相同,顾客购买SJ型的底盘,然后再找一家合适的车身制造商安装车身。迪森贝格公司自己也以勒格兰德的名义提供车身,但安装工作仍然是分包给另一家公司。因此,迪森贝格SJ型也有短轴距和长轴距型号,而且每一辆的车身风格都不相同。

对许多人来说,最优雅的迪森贝格SJ型是那些长轴距型号。迪森贝格SJ型的总产量大约为36辆,其中18辆都是长轴距型号。迪森贝格SJ型Phaeton是更稀有的车型,数量只有3辆。

1932年,第一辆迪森贝格SJ型出售时,它的价格为8000美元,到1935年停产时价格就涨到10000美元,再加上车身的价格,一辆整车的价格在当时几乎是天文数字。在1937年的经济危机中,奥本和迪森贝格公司都破产了,价格昂贵也许就是其中一个因素。今天,迪森贝格SJ型的价值上升到了一个新高度,在2008年的一场拍卖会上,它的拍卖价格达到168.85万美元。

迪森贝格Model SJ Phaeton	
原产国	美国
车身设计	Gordon Buehrig公司
制造时间	1932—1935年
功率	320马力（4200转/分）
最大转矩	576牛·米（2400转/分）
最大速度	209千米/时
0-97千米/时加速时间	8.5秒
变速器	3档手动
发动机	6.882升直列8缸
长度	5652毫米
宽度	1828毫米
轴距	3619毫米
重量	2268千克
制动器	鼓式制动器
悬架	梁式轴悬架，装有叶片弹簧和减振阻尼器（前）
	活动轴悬架，装有叶片弹簧和减振阻尼器（后）
拍卖价格	168.85万美元（2008年）

帕卡德12 Runabout LeBaron Speedster

1934年

从1899年第一辆帕卡德诞生之时,质量就成为它的座右铭。詹姆斯·沃德·帕卡德对他买的那辆汽车并不满意,在他哥哥的帮助下他决定自己制造一辆汽车。

他们制造了一辆漂亮的汽车,但帕卡德并没有在这项事业上停留很长时间。尽管如此,他们的公司还是作为一家豪华汽车制造商幸存下来,而且正是帕卡德公司在1915年引入了世界上第一台量产12缸发动机。这种V12发动机到1923年才被一种新型直列8缸发动机取代。有一段时间,帕卡德公司专注于小型车,这帮助公司度过困难的大萧条时期。到1932年,帕卡德公司感觉是时候推出另一台高端V12发动机了,新型汽车被称为"双六",后来又改成了帕卡德12。

尽管它并不是市场上速度最快的汽车,但由于驾驶方便,运转平稳并且噪声小,它很快就赢得了很高的声誉。当时其他制造商都提供助力制动系统和离合器,但只有帕卡德还会提供助力换档。

帕卡德12有两种不同长度的标准底盘,分别是3610毫米和3730毫米,可以安装各种不同的车身。顾客可以选择直接采用厂配的车身,但是1932—1937年间生产的5700辆中的大多数都采用了迪特里希和勒巴隆等美国最好车身制造商的产品。

有一辆比较特别的帕卡德,它采用了勒巴隆公司的敞篷车身。它装有浮筒挡泥板、加长发动机舱盖和平滑的锥形船型车体。此外,它采用了8缸汽车使用的较短底盘,以及更轻的车轴、车轮、制动器和变速器。再加上V12发动机,让这辆帕卡德汽车有很高的功率重量比。它非常稀有,总共有4辆,而且在细节上各不相同。在当时7260美元的价格可以买一艘豪华游艇了。

所有帕卡德汽车都有最高标准的美誉,而且这辆帕卡德12更是与众不同,因为很多观察者都认为它是帕卡德公司曾经制造过的最优雅的汽车,而且也许还是最漂亮的美国车身制造商汽车。它的价格非常昂贵,在2006年的一场拍卖会上它的价格超过了300万美元。

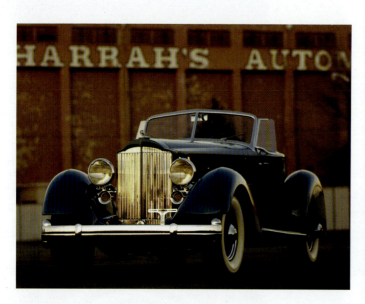

帕卡德12 Runabout LeBaron Speedster

原产国	美国
车身设计	Alex Tremulis公司
制造时间	1940—1941年
功率	160马力（3200转/分）
最大转矩	437牛·米（1400转/分）
最大速度	145千米/时
0—97千米/时加速时间	–
变速器	3档手动
发动机	7.292升V12
长度	–
宽度	1346毫米
轴距	3429毫米
重量	2495千克
制动器	鼓式制动器
悬架	刚性轴悬架，装有半椭圆弹簧和减振阻尼器（前）
	活动轴悬架，装有半椭圆弹簧和减振阻尼器（后）
拍卖价格	319万美元（2006年）

1935年

驾驶雷尔顿Special的约翰·科布，驾驶蓝鸟的马尔科姆·坎贝尔，驾驶Thunderbolt的乔治·埃斯顿，三人都曾打破陆地速度纪录，这样的成就给他们带来了很高的声誉。取得这样的成功，他们还要感谢一个人，他就是美国商人阿布·詹金斯。他是最早发现犹他州博纳维尔盐滩具有创造速度纪录巨大潜力的人之一。他不知疲倦地游说很多英国赛车手将注意力从佛罗里达州的代托纳海滩转移到犹他州的博纳维尔盐滩。

阿布·詹金斯于1925年开始在博纳维尔盐滩创造速度纪录，当时他驾驶一辆汽车与联合太平洋铁路公司的火车比赛，穿过从温多弗到盐湖城的广袤平原。后来他开始设立24小时纪录，在1934年实现了204.755千米/时的平均纪录。作为娱乐项目，他在第二年还驾驶一辆农用拖拉机开到了109千米/时的高速。

拖拉机只是一个消遣，阿布的压轴项目是迪森贝格Special，迪森贝格Special采用了标准的142英寸J型底盘，上面安装了一个由赫伯特·纽波特专门设计的流线型车身。

迪森贝格Special搭载了两台改进后的SJ型发动机，再搭配更先进的凸轮和双化油器，让整车的功率能达到400马力。但是除此之外，车上的配件与普通迪森贝格道路汽车完全相同。

经过两次维修，一次是更换新的轴承，另一次是修理曲轴箱裂缝，阿布·詹金斯和他的迪森贝格Special打破一系列纪录，包括在24小时行驶了5232千米，平均速度达到218千米/时。

事情还没有结束。在1936年，詹金斯将一台巨大的柯蒂斯V12发动机装进迪森贝格底盘，并将新车命名为Mormon Meteor。

那一年，科布、埃斯顿和詹金斯齐聚博纳维尔盐滩，24小时纪录在他们手中相互交换，最终Mormon Meteor是最快的，平均速度达到247.5千米/时。

詹金斯仍然不断创造纪录，后来他将迪森贝格SJ型发动机重新装回底盘，并用这辆车当作一块移动的广告牌帮助他竞选盐湖城市长，最终他也成功当选。

这是一辆独一无二的汽车，一个真正意义上的24小时速度创造者，而且是一辆最快、最强劲和最著名的迪森贝格SJ型汽车。在2004年的一场拍卖会上，它以445.5万美元的价格成交，成为售价最高的美国汽车。

迪森贝格SJ Speedster Mormon Meteor

原产国	美国
车身设计	赫伯特·纽波特
制造时间	1935年
功率	400马力（5000转/分）
最大转矩	-
最大速度	258千米/时
0—97千米/时加速时间	-
变速器	3档手动
发动机	6.882升直列8缸
长度	5652毫米
宽度	1828毫米
轴距	3619毫米
重量	2177千克
制动器	鼓式制动器
悬架	梁式轴悬架，装有半椭圆弹簧和减振阻尼器（前） 活动轴悬架，装有半椭圆弹簧和减振阻尼器（后）
拍卖价格	445.5万美元（2004年）

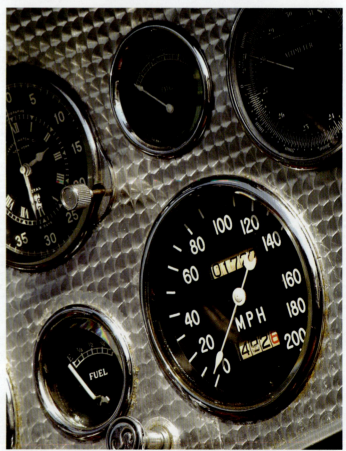

迪森贝格SJN Convertible Coupé

1935年

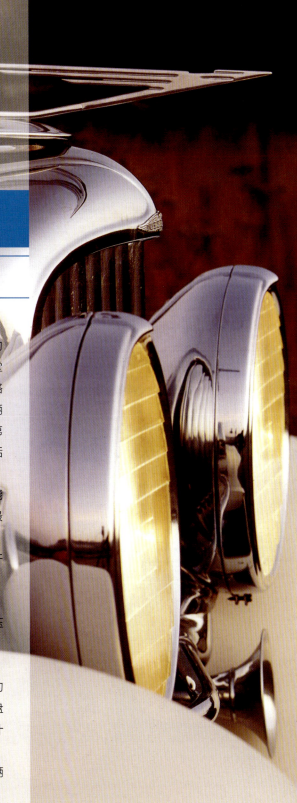

迪森贝格兄弟对高质量的工艺和工程格外偏爱。他们不仅制造出了世界上最奢华的汽车（高昂的价格说明做工精细，而且迪森贝格这个名字也被刻在了汽车艺术品的殿堂中），而且还制造出了几辆世界上最快的汽车。1919年，一辆搭载16升发动机的迪森贝格汽车在代托纳海滩以254千米/时创造了陆地最快速度纪录，还有一辆迪森贝格是唯一一辆赢得大奖赛冠军的美国汽车，1921年，吉米·墨菲驾驶它在勒芒赛赢得了法国大奖赛。第二年，在印第安纳波利斯500比赛中，前十名都是搭载迪森贝格发动机的车辆，其中包括冠军吉米·墨菲的车辆。

迪森贝格兄弟在他们的公司中投入了大量的时间和精力，希望自己的公司能够尽可能地保持独立。但是1926年他们公司却被科德收购，科德的期望是让迪森贝格生产世界上最好的汽车，甚至要超过劳斯莱斯、布加迪和凯迪拉克。

当迪森贝格J型在1928年纽约车展上亮相时，科德的愿望变为现实。新车于1929年开始向顾客交付，它将出色的性能与奢华的内饰完美融合在一起，让自己成为好莱坞明星、商业巨头和国家元首的选择之一。

这并不是迪森贝格的终点，迪森贝格在1932年推出了更出色的SJ型，通过加装增压装置，SJ型的功率达到了惊人的320马力，让它只需利用2档车速就能达到167千米/时，而它的最高速度更是达到225千米/时。

迪森贝格只出售底盘，顾客需要额外花钱来加装车身，其中一个最特殊的车身由纽约的赫伯特·纽波特和罗尔斯顿分别设计和制造。它拥有一个更宽的车身，一直延伸到底盘框架下面，让整车有一个较低的轮廓。前保险杠和扩展的发动机舱盖合二为一，体现出什么是强劲且优雅的外观设计。

迪森贝格公司只生产了10辆所谓的SJN型，其中有一辆安装了增压装置，这使得这辆SJN型更加独一无二。

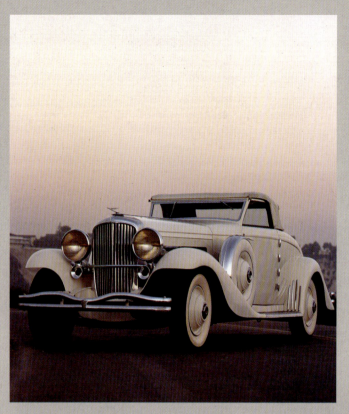

迪森贝格SJN Convertible Coupé

原产国	美国
车身设计	罗尔斯顿
制造时间	1932—1935年
功率	320马力（4200转/分）
最大转矩	576牛·米（2400转/分）
最大速度	225千米/时
0—97千米/时加速时间	8.5秒
变速器	3挡手动
发动机	6.882升直列8缸
长度	5652毫米
宽度	1828毫米
轴距	3619毫米
重量	2268千克
制动器	鼓式制动器
悬架	梁式轴悬架，装有半椭圆弹簧和减振阻尼器（前） 活动轴悬架，装有半椭圆弹簧和减振阻尼器（后）
拍卖价格	1043.5万美元（2004年）

阿斯顿·马丁Ulster LM19

1935年

第二次世界大战爆发前，阿斯顿·马丁是世界上顶级的跑车和赛车制造商之一，其中最好的应该是1934—1935年间制造的21辆阿斯顿·马丁Ulster和7辆车队赛车。在1934年北爱尔兰Ulster举行的旅游杯中，获得1-2-3组别冠军的赛车被命名为Ulster。为了让阿斯顿·马丁有实力卫冕，公司在1935赛季专门为车队准备了4辆新型赛车。

从机械上看，阿斯顿·马丁Ulster赛车和标准的MKII型几乎没有区别。但是尽管底盘、轴距和轮距没有变化，但是Ulster的组装非常精细，1.5升4缸发动机安装有两个化油器和一个平气缸盖，并且由工程师调整到最佳性能，压缩比提高到8.5:1。再加上轻质的双座车身，这辆车很容易就能达到160千米/时的高速。

新型阿斯顿·马丁Ulster的外观与1934年赛车很相似，有一个较小的进气格栅和一个下倾的发动机舱盖。

有4辆特殊的赛车被命名为LM（Le Mans），它们的底盘编号分别为18、19、20和21。它们属于最后的阿斯顿·马丁Ulster，而且被当时阿斯顿·马丁老板奥古斯都·贝尔泰利描述为他打造过的最好的赛车。

在比赛中，LM19的速度非常快，但未能取得优秀的成绩。在1935赛季，它在勒芒赛道上撞毁；在一千英里比赛中它曾经一度领先，但由于出现发动机故障不得不提前退赛；在Ulster的旅游杯比赛中，它再次由于出现机械故障而退赛。

1936年又出现了类似的悲剧，在一千英里比赛中它也曾一度领先，但后来由于出现机械故障而退赛；接着在法国大奖赛中，迪克·西曼驾驶它排名一直领先，但后来由于制动系统出现故障不得不提前退赛。

在那之后，LM19从多年的比赛生涯中退休并被保存起来，直到1969年被卖给了约翰·坎贝尔。很快，坎贝尔将它恢复到1936年参加比赛时的状态。被一个家族拥有超过45年后，LM19出现在了2015年古德伍德老爷车拍卖会上。来自世界各地的收藏家都前来一睹它的容貌，他们非常惊讶这辆车一直处于原始状态，而且很有历史意义，参加过勒芒、一千英里和旅游杯等很多著名的赛事。当它的拍卖价格达到291.35万英镑，超过估价71.35万英镑时，几乎没有人感到意外。

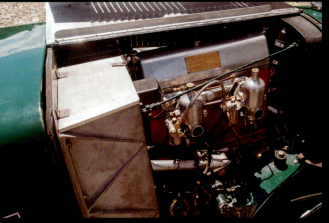

阿斯顿·马丁Ulster LM19

原产国	英国
车身设计	双门敞篷
制造时间	1935年
功率	85马力（5250转/分）
最大转矩	135牛·米（4750转/分）
最大速度	160千米/时
0—97千米/时加速时间	12秒
变速器	4档手动
发动机	1.481升直列4缸
长度	4216毫米
宽度	1651毫米
轴距	2616毫米
重量	940千克
制动器	鼓式制动器
悬架	刚性轴悬架，装有半椭圆弹簧和减振阻尼器（前）
	活动轴悬架，装有半椭圆弹簧和减振阻尼器（后）
拍卖价格	291.35万英镑（2015年）

梅赛德斯-奔驰540K Cabriolet A

1936年

梅赛德斯-奔驰的增压S、SS、SSK和SSKL型大获成功后,这家位于德国斯图加特的公司会推出怎样的替代品呢?答案就是1934年在柏林车展上问世的500K和1936年在巴黎车展上问世的540K。

它有许多种不同设计风格的车身,每一种都各具特色,但是价格非常昂贵。当时一辆梅赛德斯4门230轿车的售价大约为6000德国马克,而大部分500K轿车的售价在22000~24000德国马克,而旗舰特别敞篷版的售价接近30000德国马克。

这些高档汽车是为最富有的人群准备的,尽管当时正处于战争的阴云中,似乎仍然有很多人购买。500K的销量为342辆,540K的销量则为319辆,其中德国司令部还购买了一批——20辆装甲车型。

在所有的衍生型号中,最好的是540K Cabriolet A型(有四种不同的敞篷车身风格,分别被命名为A、B、C、D型)。500K和540K各有特点,500K的车身更加细长,而540K的发动机动力更强劲。

这台5.401升直列8缸发动机在当时是一个传奇,它装有横向运转的气门和垂直安装的机械增压器。增压器并不会一直工作,但是当加速踏板被踩到底时,增压器就会提升额外的动力,让发动机的输出功率从115马力增加到180马力。

为了保证推力处于可控状态,540K的悬架也被适当抬升。这种悬架在当时很特别,前面是完全独立的双摇臂式悬架和螺旋弹簧,后面是拖曳臂和螺旋弹簧。

车身又长又低,前面两个前照灯和一个独特的中央雾灯,低的风窗玻璃,流线型侧翼以及与侧台阶合为一体的挡泥板,让这辆车看起来非常迷人。备用车轮可以安装在后面(不需要工具就能装卸)或侧翼上(此时需要将一个后视镜拆下来安装在其顶部)。

现在幸存下来的战前德国经典汽车只有12辆,而这辆540K Cabriolet A就是其中一辆。因此,它在2007年的一场拍卖会上被拍出了122万欧元的高价就显得一点也不奇怪了。

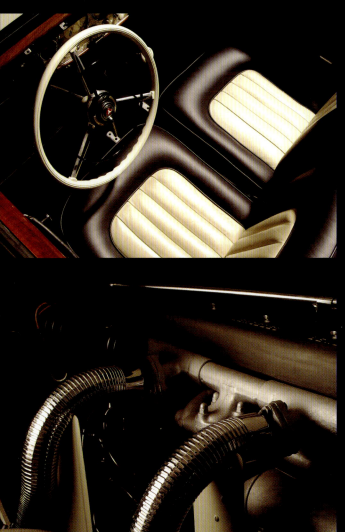

梅赛德斯-奔驰540K Cabriolet A

原产国	德国
车身设计	梅赛德斯-奔驰
制造时间	1936—1939年
功率	180马力（3400转/分）
最大转矩	-
最大速度	170千米/时
0—97千米/时加速时间	17秒
变速器	4档手动
发动机	5.401升直列8缸
长度	5100毫米
宽度	1880毫米
轴距	3290毫米
重量	2240千克
制动器	鼓式制动器
悬架	双摇臂式悬架，装有螺旋弹簧和液压减振器（前）
	拖曳臂式悬架，装有螺旋弹簧和液压减振器（后）
拍卖价格	160.32万美元（2007年）

阿尔法·罗密欧8C 2900B Cabriolet

1937年

阿尔法·罗密欧公司曾几何时非常辉煌，但在1932年遭遇财政危机，后来在意大利政府的帮助下才得以复苏。

果然，在第二次世界大战爆发前几年，阿尔法·罗密欧公司研制出有史以来最强劲、最优雅的跑车。当时，阿尔法·罗密欧公司的总经理是维托利奥·贾诺，他是一名出色的发动机和底盘工程师，对于车身构造和外观有清晰的视野。

8C 2300的研制工作始于1930年，第一辆原型车亮相于1931年的一千英里比赛。直到1934年，阿尔法·罗密欧公司总共售出207辆装有各种车身的型号，既有专门为赛道设计的，也有为普通公路设计的。毫无疑问，正是这种型号让阿尔法·罗密欧赢得了很高的声誉。

尽管如此，贾诺还是认为8C 2300太重了，并不是他最好的作品。随之出现的，按照任何一个标准，都是一个杰作。1936年8C 2900A出现在大奖赛赛道上。尽管输出功率仍然为220马力，但车身重量降低到850千克，凭借出色的性能，它包揽了1936年一千英里比赛的前三名。

这辆赛车采用开放式车身，只安装了挡泥板和车灯。直到1937年同样的底盘才被应用到道路版汽车上。1939年，8C 2900B问世，工程师对发动机进行了调整，让功率降低到180马力，尽管功率有所下降，但它加装了由宾尼法利纳和图瑞设计的优雅、奢华的车身。

当时它们的售价并不高，约为7500里拉（3945美元），但是它们都是终极的阿尔法跑车，今天它们的价值远不止如此。1999年在克里斯蒂拍卖会上，一辆8C 2900B被拍出了407.25万美元的高价。

这辆车是44辆采用P3GP底盘中的一辆，也是20辆8C 2900B中的一辆。最初它属于一名自行车运动员，安装了宾尼法利纳敞篷车身，并由皮耶罗·杜西奥（后来成立西斯塔利亚汽车公司）驾驶参加比赛。

阿尔法·罗密欧8C 2900B Cabriolet

原产国	意大利
车身设计	宾尼法利纳
制造时间	1937—1939年
功率	180马力（5200转/分）
最大转矩	—
最大速度	175千米/时
0—97千米/时加速时间	11秒
变速器	4档手动
发动机	2.905升直列8缸
长度	4600毫米
宽度	1668毫米
轴距	3000毫米
重量	1250千克
制动器	鼓式制动器
悬架	双摇臂式悬架，装有螺旋弹簧和液压减振器（前） 拖曳臂式悬架，装有螺旋弹簧和液压减振器（后）
拍卖价格	407.25万美元（1999年）

布加迪Type 57S

1937年

1934年问世的布加迪57型应该算是布加迪公司曾经制造的最著名的非竞赛车型。此外，57型是布加迪产量很高的一种车型，到1938年停产时的总产量大约为710辆。

从设计开始，布加迪公司就将57型定义为可以与欧洲当时最好车型（例如德拉艾和德拉格等）相竞争的产品。它搭载了一台布加迪3.3升双凸轮轴直列8缸发动机，这台发动机可以在4800转/分时达到140马力的输出功率。4档手动变速器与发动机合为一体，它还有一个很特别单片离合器。当时设计者提出了前独立悬架，但布加迪公司的创始人埃托雷·布加迪否定了这个激进的设计。

其实，标准57型发动机的输出功率并不高，发动机处于适中的运转状态，让汽车的最大速度仅为145千米/时。因此在1935年，布加迪公司推出了更强劲的57S型，它采用了较短底盘以降低重量，而且工程师对发动机进行调整，显著增加压缩比，让发动机输出功率达到175马力。有趣的是，57C型的底盘不仅比标准57型更短，而且更低，这也就意味着后轴穿过了框架。

1937年，布加迪公司推出了一个更为强劲的车型，即增压的57SC型，输出功率达到220马力。事实上，许多标准57型后来都被改装成增压型。

简·布加迪让部分布加迪57S型变得很特别，他是埃托雷·布加迪的儿子，负责车身设计。对于57型来说，顾客可以选择各种不同类型的车身，包括四门轿车、双门轿车以及相应的敞篷车车身。其中有一种Atlantic，它利用航空样式铆接而成。

57S型Atlantic的数量只有17辆，这让它成为非常稀有的车型。有一辆57S型格外稀有，因为它是1937年贺维勋爵直接从工厂购得的。他驾驶八年后又在1955年将它以895英镑的价格卖给了哈罗德·凯尔。几年后，凯尔便将它锁进车库里，一直没动，2007年凯尔去世后，他的侄子发现了这个"世纪仓库"。

这辆贺维勋爵的57S型出现在了2009年的一场拍卖会上，起拍价为300万英镑。当时有人猜测最终的成交价可能会翻倍，但最终的拍卖价为341.75万英镑。

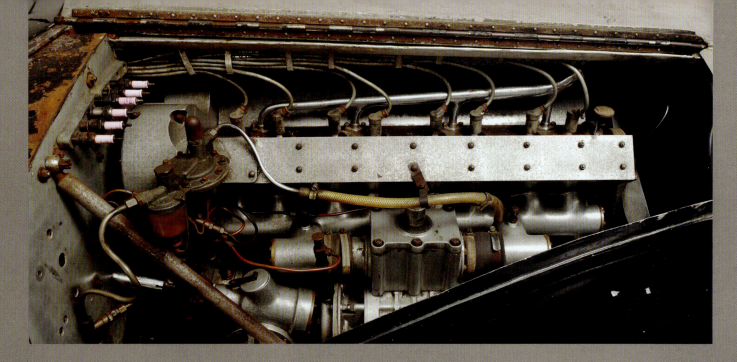

布加迪Type 57S

原产国	法国
车身设计	简·布加迪
制造时间	1934—1938年
功率	175马力（5500转/分）
最大转矩	-
最大速度	209千米/时
0—97千米/时加速时间	10秒
变速器	4档手动
发动机	3.257升直列8缸
长度	4600毫米
宽度	1760毫米
轴距	2980毫米
重量	1550千克
制动器	液压制动器
悬架	梁式轴悬架，装有半椭圆叶片弹簧和减振器（前） 活动轴悬架，装有反向四分之一椭圆叶片弹簧和减振器（后）
拍卖价格	449.08万美元（2009年）

梅赛德斯-奔驰540K Special Roadster

1937年

梅赛德斯-奔驰开创了豪华汽车的先河，在1927—1934年间推出了经典的S、SS、SSK和SSKL型，这些车的驾驶者包括世界各地的政治家、电影明星和商界巨头，因此研制一辆合适的替代品并不是一个简单的任务。

然而，梅赛德斯-奔驰不仅仅是创造了一个合适的替代品，而且还是创造了一个超越过去一切的新车型。在1934年柏林车展上，梅赛德斯-奔驰推出了500K，输出功率分别为100马力和160马力（增压器）。两年后，梅赛德斯-奔驰又在巴黎车展上推出了540K，输出功率分别为115马力和180马力（增压器）。540K还拥有更长的轴距，以改善乘坐体验。

梅赛德斯-奔驰还提供多种类型的车身设计，包括轿车、旅行车和敞篷车。再一次，世界上的富豪和名人有了座驾选择，其中就包括一名印度王公，他用这辆车来狩猎老虎。Special Roadster应该算是最受欢迎的特别车型，它的售价高达2800德国马克，比当时普通型号贵了600德国马克。考虑到这一点，美国进口商的Special Roadster售价为14000美元，而当时最贵的凯迪拉克V16的价格才为8500美元。

尽管体积大且长度长，但540K Special Roadster仍然是一辆双座车型。设计者的意图并不是只为了追求非常出色的跑车性能，而且让驾驶者能够在终极奢华和舒适的环境中体验高速长途旅行。如果需要额外的速度，驾驶者可以操作增压器使发动机的输出功率在短时间内增加60%。

540K还装有独立悬架、带同步器的变速器、真空助力制动器和12V蓄电池，所有配置在当时都是最先进的。540K还有一个显著的特点，即两根巨大的排气管，它们从发动机舱盖右侧伸出，接着消失在侧翼。在尺寸、外观和性能方面，540K是一个真正令人印象深刻的表演者。

由于价格昂贵且非常独特，540K的数量也不多，到1939年停产时的总产量仅为319辆。其中Special Tourer是最为稀有的，数量仅为26辆。在今天看来，当时540K的价格一点也不高。在最近的一次拍卖会上，成交价高达390.5万英镑。

梅赛德斯-奔驰540K Special Roadster

原产国	德国
车身设计	梅赛德斯-奔驰
制造时间	1936—1939年
功率	180马力（3400转/分）
最大转矩	—
最大速度	170千米/时
0—97千米/时加速时间	17秒
变速器	4档手动
发动机	5.401升直列8缸
长度	5100毫米
宽度	1880毫米
轴距	3290毫米
重量	2500千克
制动器	鼓式制动器
悬架	双摇臂式悬架，装有螺旋弹簧和液压减振器（前） 拖曳臂式悬架，装有螺旋弹簧和液压减振器（后）
拍卖价格	602.07万美元（2007年）

阿尔法·罗密欧8C Tipo 2900 B

1938年

问世于1937年的阿尔法·罗密欧8C Tipo 2900B是一辆真正意义上的超级跑车。8C Tipo 2900B以早期的8C Tipo 2900A（曾经在1936年一千英里比赛中包揽自己组别的前三名）为基础，它更大且更重，搭载了一台赛车发动机和双增压器，并装有独立悬架，外面则是非常优雅漂亮的车身。

不管是短轴距还是长轴距底盘，8C Tipo 2900B的产量很小。它拥有各种各样的车身，既有封闭式的，也有开放式的，有些是阿尔法·罗密欧公司自己制造的，而大部分则是由图瑞和宾尼法利纳等第三方车身制造商制造的。

8C Tipo 2900B有一台强劲的直列8缸铝合金发动机，发动机上有半球形燃烧室和干式油底壳。这台发动机衍生自20世纪30年代初期由阿尔法·罗密欧首席设计师维托利奥·贾诺设计的2.3升直列8缸赛车发动机，工程师对它进行了调整使它更适合在道路上运转。为了改善重量分布，贾诺将4档变速器放置在后部。这并不是这辆车唯一的创新，它还是当时少数几辆使用独立悬架的汽车。按照今天的标准，摆动轴的设计非常粗糙，但在当时它能提供非常出色的行驶稳定性。

8C Tipo 2900B的生产在1939年由于第二次世界大战爆发而停止，此时公司只生产了10辆长轴距和20辆短轴距车型。

其中，最受欢迎的应该是那些安装图瑞超轻车身的车型。图瑞公司的车身框架采用了Zagato开发的技术，这种技术采用轻且坚固的金属管，然后在表面安装纤细的车身，让外观看起来非常迷人。此外，在当时它也有显著的空气动力学性能。

底盘编号412019是最后一辆安装图瑞车身的短轴距车型，这也让它从同类中脱颖而出。最初它被卖给了印度的马哈拉贾，接着又被卖给了一名澳大利亚人，并被一直保存到1969年。后来又经过多次转手，它被卖到美国，最终成为设计师拉尔夫·劳伦的收藏品。2004年，它又被以1000万美元的价格卖给了一名私人收藏家。

阿尔法·罗密欧8C Tipo 2900B

原产国	意大利
车身设计	图瑞
制造时间	1937—1939年
功率	180马力（3400转/分）
最大转矩	—
最大速度	185千米/时
0—97千米/时加速时间	9.6秒
变速器	4档手动
发动机	2.905升直列8缸
长度	4185毫米
宽度	1668毫米
轴距	2800毫米
重量	1150千克
制动器	鼓式制动器
悬架	双摇臂式悬架，装有螺旋弹簧和液压减振器（前） 拖曳臂式悬架，装有螺旋弹簧和液压减振器（后）
拍卖价格	1000万美元（2004年）

德拉艾135 MS Competition Cabriolet

1938年

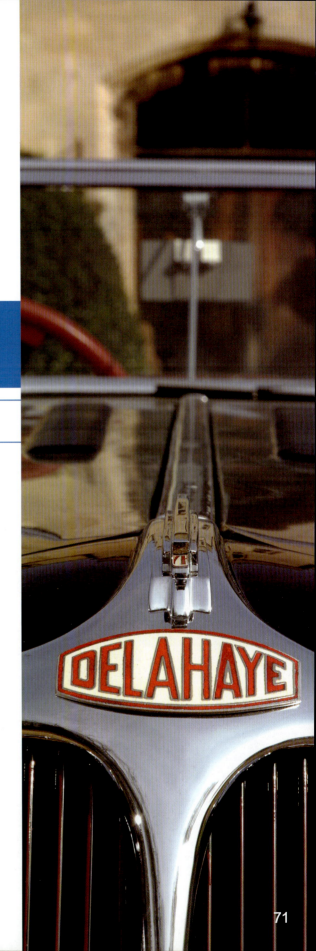

法国的德拉艾公司成立于1845年,最初它是一家陶瓷制造机械供应商。在19世纪末它开始制造发动机,并很快开始制造汽车。人们通常认为公司最好的产品是135型,135型首次亮相于1935年的巴黎车展,问世后立刻就显示出巨大的性能潜力。因此,公司很快推出了一款动力更强劲、性能更出色的短轴距135型。

公司推出了两款强劲且优雅的车型:135 M型和135 MS型,135 M型安装了单个化油器,而135 MS型则安装了三个化油器和更大的气门,这让它的输出功率能达到160马力,最高速度能达到177千米/时。它还有一个非常先进的前独立悬架,很低的重心确保了良好的操控性和行驶稳定性。

顾客可以选择4档手动或4档半自动变速器。大部分车身都是由Figoni-Falaschi公司设计的,也有少数车身由Saoutchik和Letourneur-Marchand公司设计的。

在当时它不仅是一辆优雅的汽车,还是一辆速度奇快的汽车。最终,它赢得了无数比赛荣誉,主导了20世纪30年代的法国跑车比赛。它在勒芒赛道证明过自己的实力,在国外它也证明过自己,例如它在1938年英国布鲁克兰兹的一场比赛中获得了冠军。

135 MS型的售价非常高,当时平均售价超过了5000美元。但是135型在商业上取得了非常好的成绩,1938—1952年的销量超过1155辆,后来它被235型取代。

今天,德拉艾135是一辆备受收藏家追捧的汽车,最好车型的售价在150万~200万美元之间。有一个例子,在摩纳哥的一场拍卖会上,一辆135 MS型敞篷车被拍出了179万欧元的高价。这辆135 MS型装有Figoni-Falaschi车身,是1938年由著名法国马具公司赫尔墨斯定制的,后来赫尔墨斯公司安装了新的皮革内饰和一套新的行李舱。

德拉艾135 MS Competition Cabriolet

原产国	法国
车身设计	Figoni-Falaschi
制造时间	1935—1952年
功率	160马力（4000转/分）
最大转矩	-
最大速度	177千米/时
0—97千米/时加速时间	14.0秒
变速器	4档半自动
发动机	3.557升直列8缸
长度	-
宽度	-
轴距	2700毫米
重量	1398千克
制动器	鼓式制动器
悬架	独立悬架，装有摩擦减振器（前）活动轴悬架，装有叶片弹簧和摩擦减振器（后）
拍卖价格	235.22万美元（2010年）

塔尔博特-拉戈T23 Teardrop Coupé

1938年

法国的光束-塔尔博特-达拉克公司在20世纪20年代被英国鲁特斯集团收购,但公司的一小部分仍然独立,即位于巴黎叙雷纳的塔尔博特工厂被卖给了意大利商人托尼·拉戈。接着他任命自己公司的首席工程师沃尔特·贝基亚基于早期的塔尔博特T120研制一款新型4升跑车。这辆塔尔博特-拉戈Special及时问世,赶上了1936年在蒙丽瑞举行的法国跑车大奖赛,勒内·德莱弗斯驾驶它跑出了最快圈速。

同一年,道路版双门车身T150拉戈Special在巴黎车展上问世。它搭载的6缸发动机装有三个化油器和半球形燃烧室,由威尔逊4档预选变速器驱动后轮转动(拉戈公司拥有这种变速器的海外专利权)。

第二年,塔尔博特-拉戈Special在法国大奖赛赢得了前三名,在旅游杯比赛中获得前两名。也许是一种庆祝成功的方式,拉戈邀请了 Pourtout、Saoutchik和Figoni-Falaschi等巴黎最好的车身制造商为T150底盘打造车身。Figoni-Falaschi设计的车身没有单条直线,很快被称作"泪珠"。尽管捷豹创始人威廉·里昂斯描述它为"不雅",但是对大多数人来说这是一个非常漂亮的设计。

不管是否优雅漂亮,"泪珠"造型有非常出色的空气动力学性能。凭借在直道上的出色表现,它在1938年的勒芒比赛中一度排在第三位。

塔尔博特-拉戈公司推出了两种不同的"泪珠"设计,第一种以第一位买家的名字"让库尔"命名,第二种由于是1937年在美国首次亮相了,因此被命名为"纽约"。公司总共打造了11辆"纽约"和5辆"让库尔",除了一辆"让库尔"使用T23底盘外,其他都使用T150底盘。

那辆车是独一无二的。它不仅展现出战前法国车身制造商的艺术天赋,而且是唯一一辆采用T23底盘的车型。后来它出现在2010年10月的一场拍卖会上,当时的估价为110万~140万英镑,而最终的成交价为179.2万英镑(276.29万美元)。

塔尔博特-拉戈T23 Teardrop Coupé

原产国	法国
车身设计	Figoni-Falaschi
制造时间	1937—1939年
功率	115马力（4100转/分）
最大转矩	—
最大速度	185千米/时
0—97千米/时加速时间	11.5秒
变速器	4档手动
发动机	3.996升直列6缸
长度	4526毫米
宽度	1790毫米
轴距	2641毫米
重量	1504千克
制动器	鼓式制动器
悬架	独立悬架，装有摩擦减振器（前） 活动轴悬架，装有半椭圆叶片弹簧和摩擦减振器（后）
拍卖价格	276.29万美元（2010年）

梅赛德斯-奔驰W154

1939年

从1934年开始，方程式大奖赛引入了最高750千克的重量限制，因此众多参赛厂商被迫研制一种新赛车，梅赛德斯-奔驰的产品就是W25。

W25身穿白色"制服"在曼弗雷德·凡·布劳希奇的驾驶下第一次获得冠军并创造了新的最快圈速纪录。据说，车队经理阿尔弗雷德·纽鲍尔在1934年6月W25在纽博格林赛道参加第一场比赛前夕，为了降低质量特意将喷漆剥去。

这是梅赛德斯-奔驰"银箭"的第一次胜利，随后1937年问世的W125继续为车队带来了多个关键。接着在1938赛季，梅赛德斯-奔驰推出了另一辆革命性的赛车，即搭载3升V12发动机的W154。新型V12发动机装有复杂的气缸盖（每个气缸有四个气门）和两个鲁特斯式增压器。梅赛德斯曾设想引入燃油喷射，但最终还是采用了更可靠的化油器技术。车辆布局也很特别，工程师让发动机向一侧倾斜，让后驱传动轴可以放置在驾驶者旁边。

那一年的比赛规则要求，赛车要么使用4.5升自然吸气发动机，要么采用3.0升增压发动机，梅赛德斯-奔驰选择了后者。

后来证明他们的选择完全正确，W154凭借出色的性能赢得了一连串的冠军。在安装特制的流线型车身后，W154创造了最快速度纪录：在法兰克福-达姆施塔特高速公路上达到了432.4千米/时。

W154主导了1938—1939年赛季，在9月份第二次世界大战爆发前赢得了16场比赛中的11场。W154的产量只有15辆，很多都在战争中被毁，其余的要么被梅赛德斯-奔驰公司收藏，要么陈列于博物馆中。

有一辆仍然在私人手里，当时布劳希奇驾驶它在贝尔格莱德获得第二名，但随后第二次世界大战爆发，这辆车便被滞留在了南斯拉夫。后来在20世纪80年代末人们在罗马尼亚发现了它，随后对它进行了修复。

这辆世界上最好的大奖赛赛车之一，现在估价高达800万英镑（1233.43万美元）。

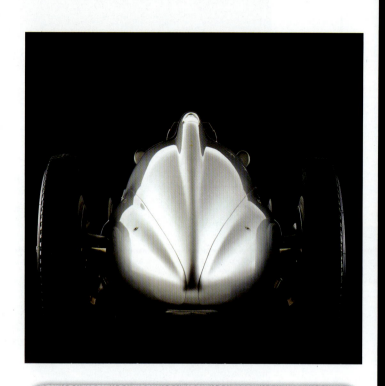

梅赛德斯-奔驰W154

原产国	德国
车身设计	梅赛德斯-奔驰
制造时间	1938—1939年
功率	476马力（7800转/分）
最大转矩	–
最大速度	309千米/时
0—97千米/时加速时间	–
变速器	5档手动
发动机	2.961升V12
长度	4600毫米
宽度	1850毫米
轴距	2545毫米
重量	980千克
制动器	液压制动器
悬架	独立悬架，装有液压减振器（前） 独立悬架，装有纵向扭杆和液压减振器（后）
拍卖价格	1233.43万美元

克莱斯勒Thunderbolt

1941年

概念车是现代汽车工业的重要组成部分，很难想象有一段时期根本不存在什么概念车。但是到了20世纪30年代，通用汽车公司富有远见的老板哈利·厄尔制造了革命性的别克Y-Job，这个车型并不是为量产设计的，但是人们能从它身上看到未来可能会发生什么。

很快其他制造商抓住了概念车的宣传潜力，克莱斯勒 Thunderbolt就属于最早的概念车之一。它问世于1940年的纽约车展，展台旁边就是激进，但富有未来感的克莱斯勒Newport。克莱斯勒Thunderbolt由阿历克斯·泰姆里斯设计，它使用标准的C-26底盘，搭载了一台来自C-27皇冠帝国的8缸发动机。

全封闭车身几乎完全由铝合金制成，只有发动机舱盖和行李舱盖是钢制的，为了保证流线型，车轮也被包裹在内部，前照灯是可伸缩的，前脸几乎没有散热格栅。事实上，进气口隐藏在前保险杠下面。

它装有世界上第一个硬质可拆卸车顶，驾驶者只需要按下一个按钮就可以让车顶折叠滑进座椅后面的空间内。行李舱盖由滑动机制开启和关闭。创新之处还包括按钮式车门释放系统和液压运转车窗升降器。

克莱斯勒Thunderbolt在1940年问世后立刻在美国引起轰动，共有五辆不同颜色的车型在美国各地的经销店展出，作为促销活动的一部分，向大家展示"什么叫未来的汽车"。

克莱斯勒Thunderbolt凭借打破了乔治·埃斯顿的陆地纪录而闻名世界，1938年它在博纳维尔盐滩达到575.39千米/时。埃斯顿的Thunderbolt搭载了两台12缸罗伊斯·罗尔斯航空发动机，而克莱斯勒的发动机则更加沉稳。克莱斯勒发动机能产生143马力，通过克莱斯勒流体传动变速器驱动后轮。据报道称它很容易就能超过160千米/时。

经过美国各地巡演后，四辆克莱斯勒Thunderbolt概念车以6000美元的价格卖给了私人买家。今天仍然有四辆现存于世，其中有一辆陈列在底特律的克莱斯勒博物馆。它最近一次出现在市场上是在2009年，尽管有人出价117.5万美元，但车主并没有卖，车主声称他的心理价位是150万~200万美元。

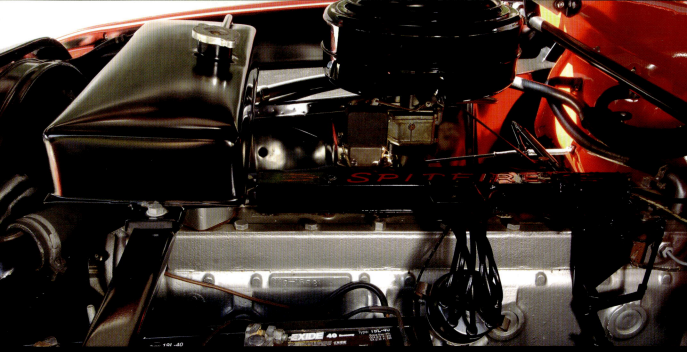

克莱斯勒Thunderbolt

原产国	美国
车身设计	阿历克斯·泰姆里斯
制造时间	1940～1941年
功率	143马力（3400转/分）
最大转矩	366牛·米（1600转/分）
最大速度	161千米/时
0—97千米/时加速时间	~
变速器	3档手动
发动机	5.301升直列8缸
长度	3990毫米
宽度	1640毫米
轴距	2440毫米
重量	~
制动器	鼓式制动器
悬架	独立悬架（前） 实心轴悬架（后）
拍卖价格	150万~200万美元

法拉利166 Scaglietti Spyder

1948年

恩佐·法拉利在1947年制造了第一辆以自己名字命名的跑车，所有元素都是为赛道而设计的，而且在忙碌的一个赛季后他的赛车参加了14场比赛。随着赛季结束，法拉利开始专注于一批七辆可以卖给顾客的Tipo 166 Spyder Corsa。"166"这个数字代表12缸发动机每个气缸的容量。七辆中有五辆采用长轴距底盘，剩余两辆采用短轴距底盘。尽管都是出售给客户的，但它们还是彻底的赛车，在当时人们将它们描述为"世界上最难以驾驭的跑车"。

法拉利166 Scaglietti Spyder是一个典型的例子。回到1948年，当它走出意大利北部马拉内罗的法拉利工厂时，它是法拉利打造的第七辆Spyder Corsa，SWB底盘上是由Ansaloni设计的循环翼车身。

它的发动机舱盖下面是一台焦阿基诺·科伦坡设计的2升V12发动机，发动机上有三个化油器，最大输出功率为140马力。尽管被设计为道路汽车，但它更像一辆赛车，并且在朱塞佩·法里纳驾驶下参加了1948年巴里大奖赛。

在接下来几个赛季，166 Spyder Corsa一直在欧洲参加比赛随后它便被卖给了一个私人买家。新买家选择给它安装一个新车身，这在当时并不常见。Sergio Scaglietti设计的车身不仅仅是它为法拉利打造的时间最早的车身之一，而且也是最优雅的车身之一。

新车身很宽，车身两侧有独特的鲨鱼状排气口。整体看来，车身不仅匀称而且流线优雅。

但是最重要的东西在车身下面，尽管第一辆法拉利125搭载了一台1.5升发动机，但是后来搭载2升发动机的Tipo 166型真正为法拉利赢得了声誉，赢得了一千英里等著名比赛的冠军。毫不夸张地说，法拉利166是法拉利在赛车和跑车领域传奇的开始。

这辆Scaglietti Spyder在20世纪50年代中期出口到美国加利福尼亚，并且在1969年被人以4000美元的价格买走。它下一次露面是在32年后，当时它的售价超过了100万美元。

法拉利166 Scaglietti Spyder

原产国	意大利
车身设计	斯卡列蒂
制造时间	1949年
功率	140马力（6600转/分）
最大转矩	381牛·米（5500转/分）
最大速度	217千米/时
0—97千米/时加速时间	-
变速器	5档手动
发动机	1.995升 V12
长度	3658毫米
宽度	1549毫米
轴距	2229毫米
重量	650千克
制动器	液压制动器
悬架	双摇臂式悬架，装有横向半椭圆叶片弹簧和摩擦阻尼器（前）活动轴悬架，装有半椭圆叶片弹簧和液压减振器（后）
拍卖价格	104.5万美元（2007年）

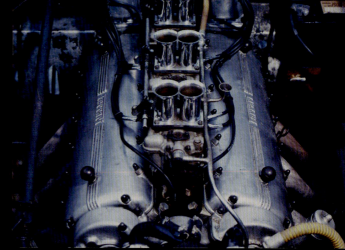

塔克Sedan
1948年

普雷斯顿·塔克的人生非常丰富,他曾经在凯迪拉克的收发室工作;曾经是一名警察;曾经是道奇和史蒂倍克汽车的销售员;曾经在第二次世界大战期间倒卖炮塔,最后这项工作让他积累了不少财富。

后来他选择用不多的财富研制一辆非常先进的六座轿车,去挑战底特律三巨头——通用、福特和克莱斯勒。

塔克最初计划制造一辆鱼雷样式的超级跑车,但后来将注意力转移到塔克Sedan轿车上来,这款轿车设计非常先进,在很多方面都领先那个时代。

塔克最初计划使用一台应用在贝尔直升机上的体积大,但重量轻的9.651升铝合金6缸发动机,但后来又换成了一台5.494升发动机。发动机被改装成水冷,并且横向安装在后驱半自动变速器。塔克计划在合适的时候引入全自动变速器。

其他特点还包括可以随动转向的中央前照灯、盘式制动器(后来换成鼓式)以及一些早期的被动安全措施,这些安全措施包括带衬里仪表板、分离式风窗玻璃以及安全带。但是后来公司感觉安全带暗示这辆车不安全,因此便将它去除了。

车身是由阿历克斯·泰姆里斯设计的,此前阿历克斯曾经为科德、迪森贝格和奥本公司工作过。塔克Sedan不仅美观而且性能出色,在1948年问世时,塔克评价它为"50年来第一辆全新的汽车"。

不幸的是,塔克Sedan并没有达到人们的预期,因为塔克被指控参与诈骗和其他金融诈骗而被捕(有传言说,底特律汽车三巨头在其中起了很大作用,但并没有实际证据)。塔卡最终被宣告无罪,但此时损害已经形成,人们对公司的产品和信心直线下降。截至公司破产之际,只有51辆塔克Sedan从芝加哥的道奇飞机制造厂(塔克租借)驶出。

塔克后来尝试在巴西成立一家新的汽车公司,但目标还未实现他便死于肺癌。今天,塔克Sedan非常稀有,而且在美国汽车史上有重要的地位。因此现在它的价格非常高。1948年塔克出售Sedan时价格仅为2450美元,但在今天的拍卖会它的价格超过100万美元。

塔克Sedan

原产国	美国	长度	5560毫米
车身设计	阿历克斯·泰姆里斯	宽度	2007毫米
制造时间	1948年	轴距	3250毫米
功率	166马力（3200转/分）	重量	1600千克
最大转矩	504牛·米（5500转/分）	制动器	鼓式制动器
最大速度	190千米/时	悬架	独立悬架（前）
0—97千米/时加速时间	10秒		独立悬架（后）
变速器	4档半自动	拍卖价格	101.75万美元（2008年）
发动机	5.494升水平对置6缸		

捷豹C-Type

1952年

捷豹XK120问世于1948年,它是公司在第二次世界大战后研制的第一辆全新跑车。在测试中它在比利时雅贝克附近的高速公路上驶出了213千米/时的速度,而且不久这辆跑车就出现在了勒芒24小时耐力赛中。

随后在1951年捷豹公司又研制了第一辆专用赛车,XK120C,字母"C"是"Competition"的缩写,意思为竞赛。它使用了标准XK120的发动机和变速器。但它的结构很独特,它有一个轻质空间框架底盘,底盘上面是一个轻质且高度流线型的铝合金车身。

平滑流畅的车身由航空空气动力学专家马尔科姆·塞耶设计,它没有乘客侧车门、车身躯干和车头前端,整个车头利用前铰链升起让人们看到发动机。

最初,C-Type3.4升6缸双凸轮轴发动机的输出功率能达到205马力,但这个数字大大超过了当时公路汽车的标准,因此工程师进行了调整,让功率降低到160~180马力。后来工程师又采用了三个化油器和高升力凸轮轴,这让发动机的功率更高。后来工程师还用盘式制动器替换了早期的鼓式制动器,并通过使用橡胶油箱和更轻的电子部件减轻了更多重量。

在1951年的勒芒24小时耐力赛中,有三辆捷豹赛车参加比赛,最终彼得·沃克和彼得·怀特海德驾驶的那辆赛车获得冠军,由斯特林·莫斯驾驶的那一辆赛车不幸中途退赛。但是捷豹赛车此时已经更名为捷豹C-Type,已经向世人展现了自己的实力。

1953年的勒芒24小时耐力赛,C-Type再次获得冠军,当时的驾驶者是邓肯·汉密尔顿和托尼·罗尔特,平均速度为171千米/时,这也是这项比赛第一次有赛车以超过100英里/时的速度赢得冠军。在赢得这些冠军之前,英国以外的地方几乎没人知道捷豹这个名字,但勒芒比赛的成功让捷豹这个品牌享誉全世界。

捷豹C-Type的产量只有52辆,此外还有很多复制品(有些复制品甚至比真品都好)。今天,C-Type真品的价格非常高,例如在2009年的一次拍卖会上,成交价高达253万美元。图片中的这一辆曾经属于胡安·曼纽·方吉奥,目前它的估价超过350万美元。

捷豹C-Type

原产国	英国
车身设计	马尔科姆·塞耶
制造时间	1951—1952年
功率	200马力（5800转/分）
最大转矩	298牛·米（3900转/分）
最大速度	241千米/时
0—97千米/时加速时间	8.1秒
变速器	4档手动
发动机	3.442升水平对置6缸
长度	3990毫米
宽度	1640毫米
轴距	2440毫米
重量	939千克
制动器	鼓式制动器
悬架	独立悬架（前）活动轴悬架，装有横向扭力杆和横向推力杆（后）
拍卖价格	350万美元

法拉利250 MM Spyder

1953年

法拉利专门为1952年一千英里（Mille Miglia）比赛打造了一辆法拉利250 S。它使用了由大直径椭圆形钢管制成的梯状框架，车身内搭载了一台强劲的科伦坡V12发动机，发动机排量为3升，每个气缸的排量为250毫升，这也是法拉利250名字的来由。

有趣的是，科伦坡V12发动机已经问世五年了，而且最初的排量仅为1.5升。工程师将孔径增加到73毫米，将它的排量增加了一倍，创造出了最终极的科伦坡V12发动机。这台发动机不仅可以应用到道路车辆上，而且也能安装到赛车上，让法拉利这个名字在汽车界越来越响亮。

乔瓦尼·布拉科驾驶这辆250S赢得了那一年的一千英里比赛。为了纪念一千英里比赛的胜利，法拉利很快就研制了一辆以"MM（Mille Miglia的缩写）"命名的量产车。尽管它仍然搭载3升V12发动机，但底盘与原来完全不同。法拉利250MM对于法拉利来说地位很显著，因为它是法拉利250系列从1952—1963年间漫长而又光荣生产历史的开端。采用四通扼流圈韦伯化油器后，它的轴距从2250毫米增加到2400毫米，发动机功率从230马力提高到240马力。

在接下来的一年里，法拉利总共生产了31辆法拉利250 MM，其中18辆采用了由宾尼法利纳打造的伯林尼塔车身，剩余13辆采用了由维尼亚莱设计的车身。13辆安装维尼亚莱车身的250 MM中，只有1辆是轿车车身，其他12辆都是敞篷车身。

事实上，250 MM在重要的国际大赛中并不成功，很快它就被更好更快的340 MM所取代。但是在私人参赛者手中，被喷涂成各种颜色的250 MM在GT比赛中获得了很多胜利。

法拉利250 MM真正的意义是引出了法拉利250 GT（问世于1954年），随着250GT进入超级跑车的历史殿堂，"250"和"GT"的组合也显得格外显著。

每一辆法拉利250 MM都很重要，其中底盘编号0348MM格外显著。它最初被卖给了阿尔弗雷德·莫莫。莫莫是布里格斯·坎宁安的技术员，而坎宁安则是一名出色的赛车手，他驾驶第一辆出口到美国的法拉利赢得了很多比赛的冠军。这辆车于2004年被拍卖了两次，8月的拍卖价格为150万美元，仅仅一个月后拍卖价格就达到165万美元。

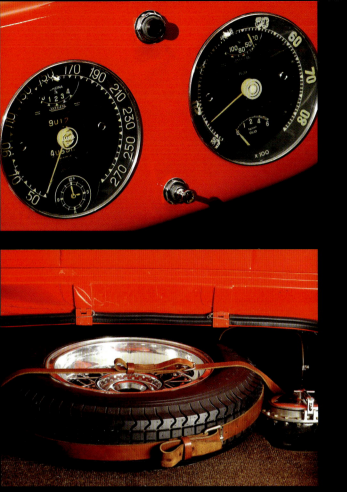

法拉利250 MM Spyder

原产国	意大利
车身设计	维尼亚莱
制造时间	1952—1953年
功率	240马力（7200转/分）
最大转矩	—
最大速度	220千米/时
0—97千米/时加速时间	5.1秒
变速器	4档手动
发动机	2.953升水平对置6缸
长度	4390毫米
宽度	1650毫米
轴距	2600毫米
重量	1065千克
制动器	鼓式制动器
悬架	双摇臂式悬架，装有单横向叶片弹簧（前）
	活动轴悬架，装有半椭圆叶片弹簧（后）
拍卖价格	165万美元（2004年）

玛莎拉蒂A6 GCS

1953年

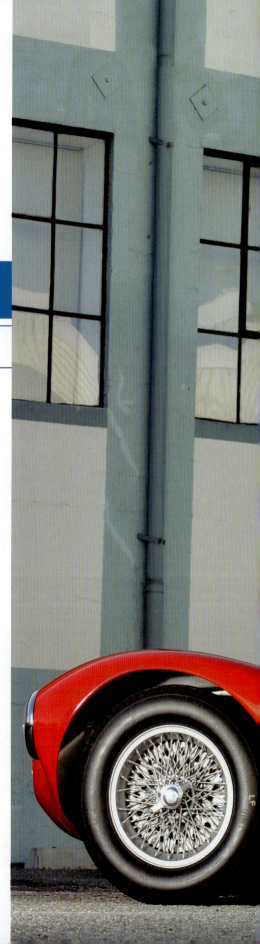

在20世纪50年代，很多汽车制造商会选择将赛车经过简单的改装推出道路跑车，其中一个最成功的例子是玛莎拉蒂A6 GCS，它搭载了一台玛莎拉蒂F2 DOHC赛车上的短行程2升发动机。当时吉奥奇诺·科伦坡刚刚从法拉利跳槽到玛莎拉蒂，他设计了一种由椭圆形钢管制成的梯状底盘，玛莎拉蒂A6 GCS就是采用了这样的底盘，上面加装一个凡图齐打造的优雅的敞篷车身。1953—1955年间，玛莎拉蒂A6 GCS的产量为53辆，其中47辆安装了凡图齐打造的敞篷车身，4辆安装了宾尼法利纳轿车车身，1辆费鲁瓦敞篷车身，1辆维尼亚莱敞篷车身。

这台2升直列6缸双顶置凸轮轴发动机采用全铝制缸体，每个气缸装有两个火花塞，转速可以轻松达到7300转/分，并输出170马力功率，这样的性能在当时绝对是数一数二的，随后在科伦坡的帮助下，工程师通过将变速器放置在后轴让重量分布更均衡。

悬架设计在当时也很先进，前悬架采用双摇臂式悬架，后悬架采用横向叶片弹簧。制动力由邓禄普制动片产生，采用博拉尼钢丝轮后更是将没有支撑在弹簧上的重量降低到最小。

玛莎拉蒂A6 GCS很快就展现出自己的潜力，赢得了世界各地的很多冠军，其中就包括在1953年一千英里比赛中获得总成绩第五名和自己组别第一名。

底盘编号2053的那一辆玛莎拉蒂A6 GCS最开始被卖给了美国的杜卡迪发动机公司，并且据说F1传奇赛车手胡安·曼纽·方吉奥在1953年10月曾经驾驶它在汤普森赛道参加比赛。后来人们给它装上了克尔维特V8发动机，再后来将它改装成一辆道路汽车。1989年车主将它出售，新车主将它保存起来，到1998年车主又将它恢复到原来的条件和状态。这些内容包括重新安装原始的玛莎拉蒂发动机。但是，当它在2010年底出现在市场上的时候，原始的2067号发动机也作为交易的一部分，让新车主选择是否安装。有趣的是，在拍卖前的介绍中这台发动机的额定功率为202马力，大大超过1953年的170马力。

修复后，车身恢复到原来的银色样式，车内的明亮水鸭式仪表也能在高速行驶中容易阅读。2010年它的售价达到185万美元。

玛莎拉蒂A6 GCS

原产国	意大利
车身设计	凡图齐
制造时间	1953—1954年
功率	170马力（7300转/分）
最大转矩	-
最大速度	235千米/时
0—97千米/时加速时间	-
变速器	5档手动
发动机	1.986升6缸
长度	3040毫米
宽度	1530毫米
轴距	2310毫米
重量	740千克
制动器	鼓式制动器
悬架	独立悬架，装有螺旋弹簧、防滚杆和液压减振器（前） 刚性轴悬架，装有叶片弹簧、防滚杆和液压减振器（后）
拍卖价格	185万美元（2010年）

梅赛德斯-奔驰W196R

1954年

梅赛德斯-奔驰W196R是第二次世界大战结束后最成功的赛车设计之一。它在12场比赛中9次获得冠军，并且在胡安·曼纽·方吉奥和斯特林·莫斯的驾驶下分别赢得了1954年和1955年赛季的F1冠军。

F1比赛的1954年赛季新规定要求禁止采用增压发动机赛车，为此梅赛德斯-奔驰的首席设计师鲁洛夫·乌伦豪特打造出了一辆在许多重要领域都有显著突破的赛车。它首次采用了连控轨道阀和燃油直接喷射技术——后者衍生自第二次世界大战时期的梅塞施密特Bf109E 战斗机。

新型赛车搭载了一台由乌伦豪特打造的排量2.496升直列8缸发动机，输出功率达到257马力，远高于同时期的任何一个竞争对手，而当时几乎所有的赛车仍然使用效率低下的化油器技术。它的特点还包括使用焊接铝管空间框架底盘，以及超轻质的镁合金车身。

人们永远不会知道W196R在接下来的1956年赛季会有怎样的进化，据说当时乌伦豪特正在考虑用四轮驱动技术来改善牵引力和操控力。但是由于梅赛德斯-奔驰赛车在1955年勒芒24小时耐力赛中发生了一次大规模事故，一辆梅赛德斯-奔驰300SLR撞向人群，造成大量人员伤亡，因此公司决定退出各种形式的赛车活动。

60多年过去了，现在只有少量W196R幸存下来，而且其中唯一一辆在私人手里的W196R出现在2013年古德伍德拍卖会上。考虑到梅赛德斯-奔驰公司有着完善的大奖赛赛车保全政策，那么这一辆底盘编号000006/54的赛车是如何进入私人手里的呢？

答案是梅赛德斯-奔驰公司为了支持在英格兰南部比尤利新开的国家汽车博物馆。1955年在蒙扎参加完最后一场比赛后，这辆车一直被放置在梅赛德斯-奔驰的展览部，并且偶尔在一些欧洲展览中展出。后来公司用它进行发动机和轮胎测试，并在1973年将它送给比尤利国家汽车博物馆。

几年后，在梅赛德斯-奔驰公司的支持下，博物馆将这辆车出售获得资金建设博物馆图书馆和新约翰·蒙塔古大厦。首先博物馆将这辆车卖给了JCB公司老板安东尼·班福德，后来班福德又将它卖给了法国收藏家雅克·塞顿。后来它再一次被转卖，并在很多年里没有出现在公众的视野内。

但是这辆车重要性不仅仅因为它是唯一一辆在私人手的W196R。在很多方面它都是最终极的W196R,因为方吉奥正是驾驶这辆车在纽博格林赛道赢得了1954年赛季德国和欧洲大奖赛,接着在伯尔尼赢得了瑞士大奖赛,并在那里赢得总共五个总冠军中的第二个。

宝龙拍卖行的一名发言人说:"它的高度无与伦比,不仅仅是20世纪50年代标志性的方吉奥赛车,而且是梅赛德斯-奔驰工程技术和战后恢复标志的一个耀眼的明星。"

当拍卖结束时,这辆方吉奥的W196R最终成交价为1960.15万英镑,超过当时拍卖会上任何一辆汽车。

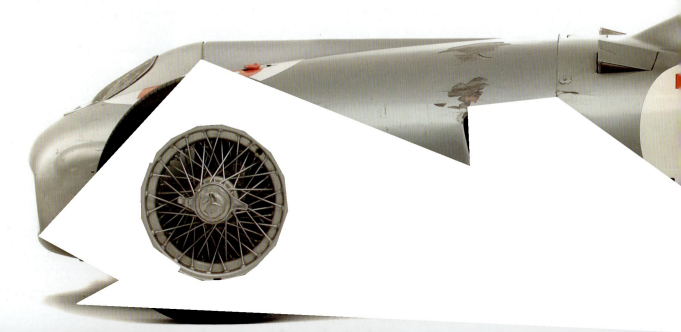

梅赛德斯-奔驰W196R

原产国	德国
车身设计	赛车车身
制造时间	1954年
功率	290马力（8500转/分）
最大转矩	247牛·米（6300转/分）
最大速度	299千米/时
0—97千米/时加速时间	-
变速器	5档手动
发动机	2.496升直列6缸
长度	4025毫米
宽度	1625毫米
轴距	2350毫米
重量	835千克
制动器	鼓式制动器
悬架	双摇臂式悬架，装有扭力杆、套筒伸缩式减振器（前）摆动轴悬架，装有纵向扭力杆、套筒伸缩式减振器（后）
拍卖价格	1960.15万英镑（2013年）

法拉利250 Monza Spyder

1954年

1950年初，法拉利制造了一批容易让人困惑的新车型，公司利用手中可用的发动机不仅为自己的车队制造赛车，而且还为一些富有的私人制造赛车。

因此对于1954年赛季，500 Mondial使用2升直列4缸发动机，750 Monza则使用3升4缸发动机。接着在同一年，法拉利决定打造一辆新型赛车，工程师将已经在250 MM上证明自己的科伦坡V12发动机装进了750 Monza的梯形底盘上，创造出了法拉利250 Monza。250 Monza使用与750 Monza相同的独立悬架以及刚刚引入的迪诺后轴。

这台V12发动机与250 MM上的很相似，但是在250 Monza上，所有12个气缸都用独立的进气口取代早期的连体设计。新的气缸盖安装了三个四管韦伯化油器，让这台发动机能输出240马力的功率。

法拉利总共制造了四辆250 Monza，其中两辆安装了宾尼法利纳·伯林尼塔车身，与500 Mondial很相似；剩余两辆安装了斯卡列蒂·斯派德车身，与750 Monza很相似。斯卡列蒂可能制造了铝制车身，据说这个设计实际上是年轻的迪诺·法拉利（恩佐的儿子）的作品。

法拉利车队得到了第一辆250 Monza，另外三辆则卖给了意大利顾客，他们驾驶它赢得了一些胜利。

这辆车在1954年6月的蒙扎（Monza）赛道第一次参加比赛，那里也成为它名字的由来。后来，它参加了艰苦的卡雷拉泛美比赛，那也是这项比赛最后一次举办。250 Monza第五个完成比赛，相比更强劲的法拉利375 Plus和375 MM等很多竞争对手，这是一个非常好的成绩。

1957年，法拉利美国进口商路易吉·基内蒂将两辆宾尼法利纳车身的其中一辆的车身更换，他委托斯卡列蒂公司制造了一个250TR样式的斯派德车身。

其中一辆斯卡列蒂·斯派德车身，底盘编号0442M参加过卡雷拉泛美比赛，据说它是唯一一辆拥有原装车身的250 Monza。在2002年的一场拍卖会上，它被拍出了170.5万美元的高价。2007年它又出现在了巴黎的一场拍卖会上，并被拍出，它最后一次出现在市场上的售价为550万美元。

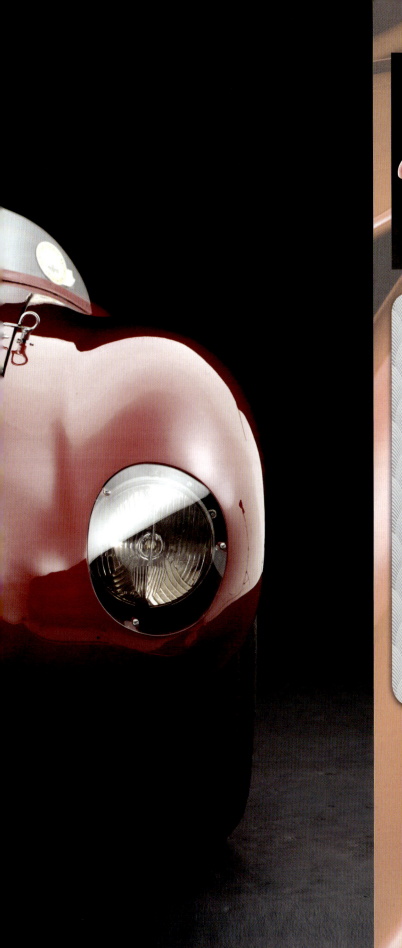

法拉利250 Monza Spyder

原产国	意大利
车身设计	斯卡列蒂
制造时间	1953—1954年
功率	240马力（7200转/分）
最大转矩	—
最大速度	—
0—97千米/时加速时间	—
变速器	4档手动
发动机	2.953升V12
长度	4175毫米
宽度	1325毫米
轴距	2250毫米
重量	850千克
制动器	鼓式制动器
悬架	平行不等长A臂悬架，装有横向叶片弹簧、螺旋弹簧和减振器（前） 迪诺轴悬架，装有横向叶片弹簧和减振器（后）
拍卖价格	550万美元（2007年）

捷豹D-Type

1955年

1953年勒芒24小时耐力赛中的前四名有三辆都是捷豹C-Type,捷豹公司决定为下一年的比赛打造一辆全新的赛车。

捷豹公司工程师的想法是采用一个单体底盘,车身和框架是一个单元以增加整体的强度和刚度。他们保留了6缸XK发动机,加装三个化油器后让输出功率增加到245马力。他们还采用了干油底壳润滑,这样可以让发动机放置在较低位置,以降低车辆重心,允许使用更低、更流线型的车身,进而显著减小空气阻力。所有这一切让赛车在勒芒赛道的长直道能达到270千米/时的高速。

新型赛车就是我们现在熟知的D-Type,尽管在1954年勒芒24小时耐力赛中有两辆赛车退赛,但是第三辆以几秒的优势战胜法拉利375 Plus获得冠军。

捷豹公司制造了六辆车队赛车,但是国际汽联规定公司还需要生产另外54辆来出售,既可以是私人车队,也可以是普通顾客。其中,第一辆(底盘编号XKD501)卖给了著名的苏格兰艾克利·以卡斯车队,车队将它喷涂成了标志性的蓝色。

捷豹车队在1955年再次赢得勒芒比赛的冠军,当时迈克·霍索恩在梅赛德斯-奔驰车队(一辆300 SLR赛车冲向人群造成了大量的伤亡)退赛后第一个冲过了方格旗。

但是到了1956年赛季,捷豹车队开着更强的长鼻子D-Type赛车来到赛场,但是艾克利·以卡斯车队凭借购买来的捷豹赛车(底盘编号XKD 501)赢得比赛。1957年,捷豹官方退出赛车活动,艾克利·以卡斯车队得到了他们的赛车,并且在当年的勒芒24小时耐力赛中包揽前两名。

一系列的胜利让D-Type获得了空前的声誉,但是在所有D-Type中,底盘编号XKD 501是最为特别的。从1957年结束后,它就基本不参加比赛了,接着在1970年它被卖给了迈克尔·奈恩,他将它恢复到1956年勒芒比赛时的规格。1999年,一位美国收藏家买下了这辆车,经过一系列修复工作后,它出现在了2002年的圆石滩车展上,在那里它赢得了捷豹竞赛组别和道路大奖。

作为英国最著名的赛车之一,当它(底盘编号XKD 501)出现在蒙特雷拍卖会2016年秋季拍卖会上时立即引起轰动,它是幸存下来的唯一一辆赢得勒芒比赛胜利的D型车。经过激烈的报价,最终成交价为2178万美元。

捷豹D-Type

原产国	英国	长度	3912毫米
车身设计	双门车身	宽度	1664毫米
制造时间	1954年	轴距	2300毫米
功率	245马力（6500转/分）	重量	840千克
最大转矩	325牛·米	制动器	鼓式制动器
最大速度	278千米/时	悬架	双摇臂式悬架，装有扭力杆、套筒伸缩式减振器（前）
0—97千米/时加速时间	7.0秒		实心轴悬架，装有纵向推力杆、横向扭力杆和套筒伸缩式减振器（后）
变速器	4档手动		
发动机	3.442升直列6缸	拍卖价格	2178万美元（2016年）

梅赛德斯-奔驰300 SLS Prototype Roadster

1955年

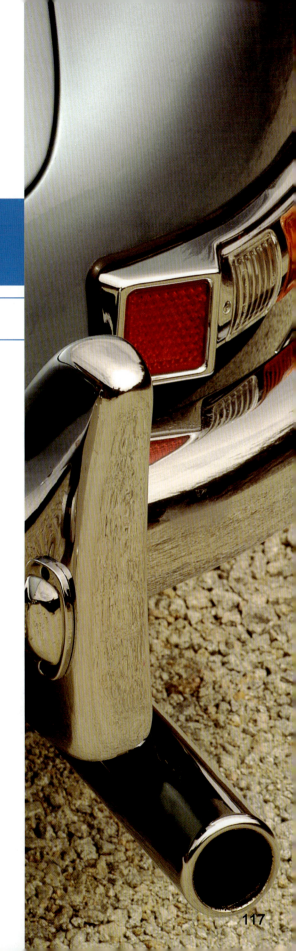

"独一无二"这个词经常被误用，有时候用它来形容一辆汽车却是非常恰当的。底盘编号00009/52是一辆梅赛德斯-奔驰SL鸥翼轿车，它是奔驰赛车队在1952年为勒芒比赛而打造的。在赫尔弗里希和尼德马约尔的驾驶下，它位居另一辆SL之后获得第二名，接着它又在纽博格林跑车冠军赛中获得第三名。在卡雷拉泛美比赛中，它一直处于第一梯队，但随后因被组委会认定为技术违规而被取消资格。

在那之后，这辆车便被用于各种测试，首先在1953年工程师给它安装了新型燃油喷射发动机，接着在第二年又将它用作新型300SL Roadster的道路行驶原型车。

1955年，工程师对底盘进行了修改以增加刚度（因为拆除车顶结构后会不可避免地损失扭转刚度，进而导致车窗抖动），并且安装了由弗里德里希·盖革设计的新敞篷车身。此时，公司已经在德国将这辆车注册为道路汽车，并且对它的测试一直持续到1956年底。同时，公司已经在美国赛车俱乐部冠军保罗·奥谢的新闻发布会上向记者透露他们很快就会推出一辆新车，这辆车就是现在我们熟知的300 SLS（Super Light Special，意思是超轻特别型）。

没多久，奥谢就在纽博格林和其他赛道向世人展示了新型300 SLS惊人的运动潜力，为此奔驰公司决定为1957年的美国赛车俱乐部（SCCA）系列赛制造另外两辆300 SLS。保罗·奥谢驾驶其中一辆赢得了D组别的冠军，而最初的原型车继续被用作测试目的，包括研制一个可拆卸硬顶车身。1957年，公司在日内瓦车展上推出了一款以300 SLS原型车为基础研制的软顶车。

根据工厂记录，这辆300 SLS原型车一直停放在奔驰公司，直到1965年被卖给了一个私人车主。后来经过多次转手，它在1987年被卖到了加利福尼亚，在那里斯科特·格隆进行了完整的修复。后来它又被卖给了一名日本收藏家，但在1991年和1997年的赛车活动中都回到了佩布尔比奇。

300 SLS原型车是一辆独一无二的汽车，它的价值难以估量。有人说，如果它出现在拍卖会上，成交价不会低于150万美元。

梅赛德斯-奔驰300 SLS Prototype Roadster

原产国	德国
车身设计	梅赛德斯-奔驰
制造时间	1955年
功率	240马力（5800转/分）
最大转矩	309牛·米（5000转/分）
最大速度	265千米/时
0—97千米/时加速时间	7.2秒
变速器	4档手动
发动机	2.996升直列6缸
长度	4520毫米
宽度	1790毫米
轴距	2400毫米
重量	1093千克
制动器	前轮盘式制动器，后轮鼓式制动器
悬架	双摇臂式悬架，装有扭力杆、螺旋弹簧（前）
	横向单摆臂式悬架，装有推力杆、螺旋弹簧（后）
拍卖价格	150万美元（2016年）

法拉利250 Monza Spyder

原产国	意大利
车身设计	斯卡列蒂
制造时间	1953—1954年
功率	240马力（7200转/分）
最大转矩	–
最大速度	–
0—97千米/时加速时间	–
变速器	4档手动
发动机	2.953升V12
长度	4175毫米
宽度	1325毫米
轴距	2250毫米
重量	850千克
制动器	鼓式制动器
悬架	平行不等长A臂悬架，装有横向叶片弹簧、螺旋弹簧和减振器（前） 迪诺轴悬架，装有横向叶片弹簧和减振器（后）
拍卖价格	550万美元（2007年）

1955年

1953年勒芒24小时耐力赛中的前四名有三辆都是捷豹C-Type，捷豹公司决定为下一年的比赛打造一辆全新的赛车。

捷豹公司工程师的想法是采用一个单体底盘，车身和框架是一个单元以增加整体的强度和刚度。他们保留了6缸XK发动机，加装三个化油器后让输出功率增加到245马力。他们还采用了干油底壳润滑，这样可以让发动机放置在较低位置，以降低车辆重心，允许使用更低、更流线型的车身，进而显著减小空气阻力。所有这一切让赛车在勒芒赛道的长直道能达到270千米/时的高速。

新型赛车就是我们现在熟知的D-Type，尽管在1954年勒芒24小时耐力赛中有两辆赛车退赛，但是第三辆以几秒的优势战胜法拉利375 Plus获得冠军。

捷豹公司制造了六辆车队赛车，但是国际汽联规定公司还需要生产另外54辆来出售，既可以是私人车队，也可以是普通顾客。其中，第一辆（底盘编号XKD501）卖给了著名的苏格兰艾克利·以卡斯车队，车队将它喷涂成了标志性的蓝色。

捷豹车队在1955年再次赢得勒芒比赛的冠军，当时迈克·霍索恩在梅赛德斯-奔驰车队（一辆300 SLR赛车冲向人群造成了大量的伤亡）退赛后第一个冲过了方格旗。

但是到了1956年赛季，捷豹车队开着更强的长鼻子D-Type赛车来到赛场，但是艾克利·以卡斯车队凭借购买来的捷豹赛车（底盘编号XKD 501）赢得比赛。1957年，捷豹官方退出赛车活动，艾克利·以卡斯车队得到了他们的赛车，并且在当年的勒芒24小时耐力赛中包揽前两名。

一系列的胜利让D-Type获得了空前的声誉，但是在所有D-Type中，底盘编号XKD 501是最为特别的。从1957年结束后，它就基本不参加比赛了，接着在1970年它被卖给了迈克尔·奈恩，他将它恢复到1956年勒芒比赛时的规格。1999年，一位美国收藏家买下了这辆车，经过一系列修复工作后，它出现在了2002年的圆石滩车展上，在那里它赢得了捷豹竞赛组别和道路大奖。

作为英国最著名的赛车之一，当它（底盘编号XKD 501）出现在蒙特雷拍卖会2016年秋季拍卖会上时立即引起轰动，它是幸存下来的唯一一辆赢得勒芒比赛胜利的D型车。经过激烈的报价，最终成交价为2178万美元。

捷豹D-Type

原产国	英国
车身设计	双门车身
制造时间	1954年
功率	245马力（6500转/分）
最大转矩	325牛·米
最大速度	278千米/时
0—97千米/时加速时间	7.0秒
变速器	4档手动
发动机	3.442升直列6缸
长度	3912毫米
宽度	1664毫米
轴距	2300毫米
重量	840千克
制动器	鼓式制动器
悬架	双摇臂式悬架，装有扭力杆、套筒伸缩式减振器（前）实心轴悬架，装有纵向推力杆、横向扭力杆和套筒伸缩式减振器（后）
拍卖价格	2178万美元（2016年）

115

1955年

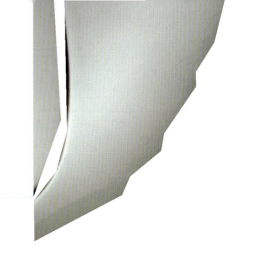

"独一无二"这个词经常被误用，有时候用它来形容一辆汽车却是非常恰当的。底盘编号00009/52是一辆梅赛德斯-奔驰SL鸥翼轿车，它是奔驰赛车队在1952年为勒芒比赛而打造的。在赫尔弗里希和尼德马约尔的驾驶下，它位居另一辆SL之后获得第二名，接着它又在纽博格林跑车冠军赛中获得第三名。在卡雷拉泛美比赛中，它一直处于第一梯队，但随后因组委会认定为技术违规而被取消资格。

在那之后，这辆车便被用于各种测试，首先在1953年工程师给它安装了新型燃油喷射发动机，接着在第二年又将它用作新型300SL Roadster的道路行驶原型车。

1955年，工程师对底盘进行了修改以增加刚度（因为拆除车顶结构后会不可避免地损失扭转刚度，进而导致车窗抖动），并且安装了由弗里德里希·盖革设计的新敞篷车身。此时，公司已经在德国将这辆车注册为道路汽车，并且对它的测试一直持续到1956年底。同时，公司已经在美国赛车俱乐部冠军保罗·奥谢的新闻发布会上向记者透露他们很快会推出一辆新车，这辆车就是现在我们熟知的300 SLS（Super Light Special，意思是超轻特别型）。

没多久，奥谢就在纽博格林和其他赛道向世人展示了新型300 SLS惊人的运动潜力，为此奔驰公司决定为1957年的美国赛车俱乐部（SCCA）系列赛制造另外两辆300 SLS。保罗·奥谢驾驶其中一辆赢得了D组别的冠军，而最初的原型车继续被用作测试目的，包括研制一个可拆卸硬顶车身。1957年，公司在日内瓦车展上推出了一款以300 SLS原型车为基础研制的软顶车。

根据工厂记录，这辆300 SLS原型车一直停放在奔驰公司，直到1965年被卖给了一个私人车主。后来经过多次转手，它在1987年被卖到了加利福尼亚，在那里斯科特·格隆进行了完整的修复。后来它又被卖给了一名日本收藏家，但在1991年和1997年的赛车活动中都回到了佩布尔比奇。

300 SLS原型车是一辆独一无二的汽车，它的价值难以估量。有人说，如果它出现在拍卖会上，成交价不会低于150万美元。

梅赛德斯-奔驰300 SLS Prototype Roadster

原产国	德国
车身设计	梅赛德斯-奔驰
制造时间	1955年
功率	240马力（5800转/分）
最大转矩	309牛·米（5000转/分）
最大速度	265千米/时
0—97千米/时加速时间	7.2秒
变速器	4档手动
发动机	2.996升直列6缸
长度	4520毫米
宽度	1790毫米
轴距	2400毫米
重量	1093千克
制动器	前轮盘式制动器，后轮鼓式制动器
悬架	双摇臂式悬架，装有扭力杆、螺旋弹簧（前） 横向单摆臂式悬架，装有推力杆、螺旋弹簧（后）
拍卖价格	150万美元（2016年）

玛莎拉蒂Tipo 52 200 SI Sport Internationale

1956年

玛莎拉蒂的150S搭载了一台1.5升排量发动机，它一经问世就立刻获得成功。在1955年纽博格林500千米比赛中，简·贝拉驾驶它在排位赛赢得杆位，并在比赛中遥遥领先直到冲过终点线。随后尽管遇到路特斯、保时捷和库珀赛车的强力挑战，但这辆小巧的双座赛车（看起来像玛莎拉蒂300S的缩小版）继续主导比赛。

因此，玛莎拉蒂下一步的工作是将发动机排量提高到2升，并安装更大的气门和更大的韦伯化油器，让发动机的输出功率从140马力提高到186马力。此外，工程师调整了车身的线条和比例让它更加流线型，但新车的底盘几乎与150S完全相同。

1955—1957年，玛莎拉蒂不仅将200S出售给那些渴望参加比赛的私人买家，而且也在经营自己的车队。1955年，弗朗哥·博尔多尼驾驶玛莎拉蒂200S参加了伊莫拉大奖赛，但是并没有给人留下深刻印象，后来的塔格·佛罗热也是如此。

1957年，200S成为200SI，字母"I"代表Internazionale，意思是国际化。因此这也意味着这辆车开始遵循最新的赛车规则。同一时间，工程师也对200S进行了升级，包括安装迪诺后轴和改善制动系统。玛莎拉蒂公司制造了四辆刚性轴悬架车型后，开始使用由吉尔科制造的管状底盘。最初的几个车身是由切莱斯蒂诺·菲安德里制造的，但后来默尔达多·凡图齐接替了他的工作，长鼻子车身就是他的作品。

玛莎拉蒂200SI在1956—1957年赛季更加成功，它最后一次出现在赛场上是在1957年的西西里大奖赛，当时斯卡拉蒂驾驶它获得冠军。200SI的操控性很复杂，只有专业赛车手才能应对。200SI的销量达到32辆，取得了一定程度上的商业成功，但它想要成为玛莎拉蒂最成功的赛车还需要很长的路要走。

底盘编号为2401的这辆200SI参加了1957年的委内瑞拉大奖赛，并赢得2升组别的冠军。随后的车主用它参加了很多比赛，比如老爷车比赛。2010年，这辆车出现在了一场拍卖会上，最终的成交价达到264万美元。

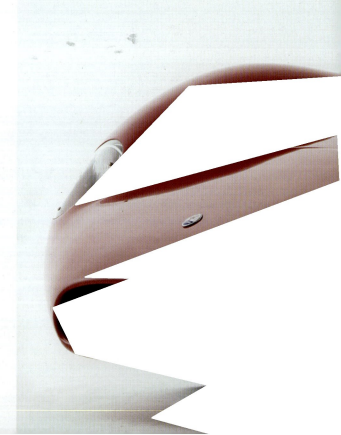

玛莎拉蒂Tipo 52 200 SI Sport Internationale

原产国	意大利
车身设计	凡图齐
制造时间	1955—1957年
功率	290马力（7500转/分）
最大转矩	-
最大速度	261千米/时
0—97千米/时加速时间	-
变速器	4档或5档手动
发动机	1.994升直列6缸
长度	3900毫米
宽度	1450毫米
轴距	2250毫米
重量	670千克
制动器	鼓式制动器
悬架	独立悬架，装有扭力杆、螺旋弹簧和减振器（前）迪诺轴悬架，装有横向叶片弹簧和减振器（后）
拍卖价格	264万美元（2010年）

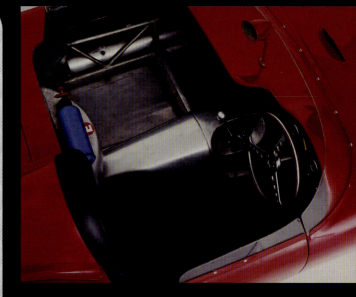

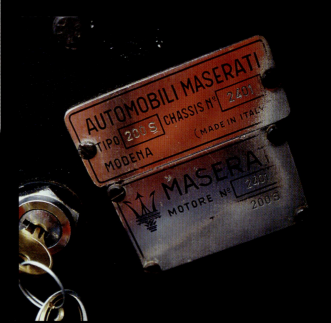

保时捷550 Rennsport Spyder

1956年

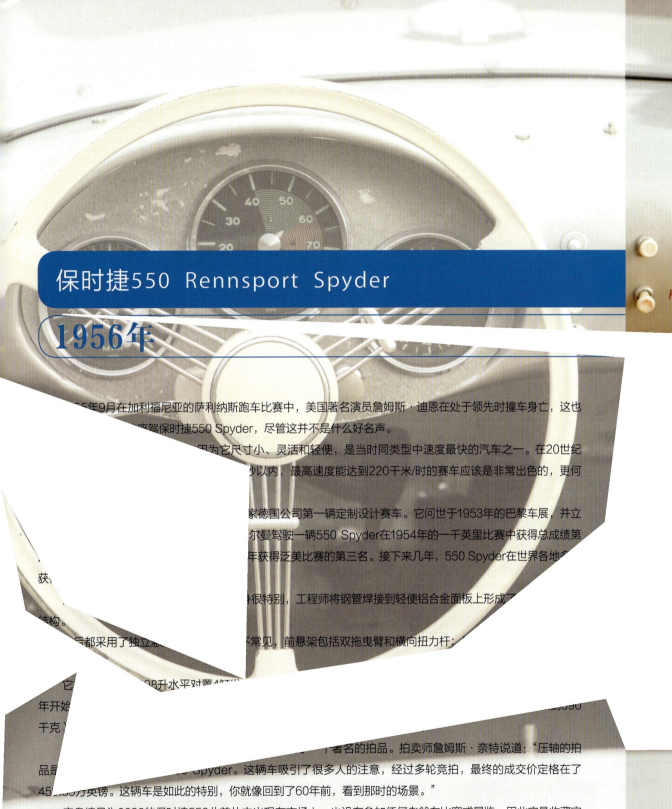

1955年9月在加利福尼亚的萨利纳斯跑车比赛中，美国著名演员詹姆斯·迪恩在处于领先时撞车身亡，这也是他驾保时捷550 Spyder，尽管这并不是什么好名声。

因为它尺寸小、灵活和轻便，是当时同类型中速度最快的汽车之一。在20世纪50年代以内，最高速度能达到220千米/时的赛车应该是非常出色的，更何况……

……这家德国公司第一辆定制设计赛车。它问世于1953年的巴黎车展，并立……尔曼驾驶一辆550 Spyder在1954年的一千英里比赛中获得总成绩第……年获得泛美比赛的第三名。接下来几年，550 Spyder在世界各地屡获……

……身很特别，工程师将钢管焊接到轻便铝合金面板上形成了……结构。

……后都采用了独立悬……不常见，前悬架包括双拖曳臂和横向扭力杆；……

它……1.98升水平对置4缸……年开始……890千克……

……个著名的拍品。拍卖师詹姆斯·奈特说道："压轴的拍品是……Spyder。这辆车吸引了很多人的注意，经过多轮竞拍，最终的成交价定格在了459.35万英镑。这辆车是如此的特别，你就像回到了60年前，看到那时的场景。"

底盘编号为0090的保时捷550此前从未出现在市场上，也没有参加任何老爷车比赛或展览，因此它是收藏家手中最稀有的一台真正意义上的时间机器。

难怪这辆车引来了世界各地的竞标，最终的成交价为459.35万英镑，创造了保时捷550车型的售价纪录。

保时捷550 Rennsport Spyder

原产国	德国
车身设计	双门运动
制造时间	1956年
功率	110马力（6200转/分）
最大转矩	120牛·米（5000转/分）
最大速度	220千米/时
0—97千米/时加速时间	7.0秒
变速器	4档手动
发动机	1.498升水平对置4缸
长度	3600毫米
宽度	1540毫米
轴距	2101毫米
重量	612千克
制动器	鼓式制动器
悬架	双拖曳臂独立悬架（前）
	横向单摆臂式悬架（后）
拍卖价格	459.35万英镑（2016年）

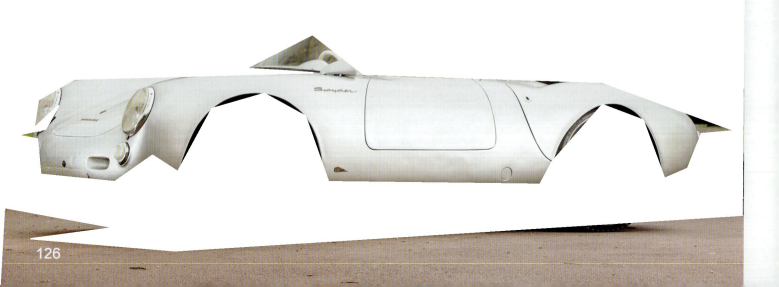

法拉利250 Pontoon Fender Testa Rossa

1957年

2009年，一辆黑色的1957年的法拉利 250 Pontoon Fender Testa Rossa在拍卖会上以1240万美元的高价成交。2010年，一辆黄绿色的1958年的250 Testa Rossa出现在一场拍卖会上，尽管没有成交，但它的估价也超过了1000万美元。

是什么让这些法拉利跑车如此特别呢？

部分原因是每一辆法拉利都有自己的底盘编号，这些编号能告诉法拉利爱好者它们都是为赛道而生的。那个时代很多名人都驾驶法拉利，包括简·贝拉、佩德罗·罗德里格兹、沃尔夫冈·凡·提普斯、菲尔·希尔、丹·格尼、卡罗尔·谢尔比、迈克·霍索恩和彼得·科林斯。它的比赛成绩也是无与伦比的，四次勒芒比赛冠军，四次车队冠军（1958—1961年间的19场比赛赢下其中10场）。难怪设计者塞尔吉奥·斯卡列蒂评价250 Testa Rossa为"装有挡泥板的F1赛车"。

还有部分原因是250 Testa Rossa的数量只有21辆，比当时其他经典法拉利250 GTO还要少。

除了出色的比赛成绩和数量稀少以外，最主要的原因还是250 Testa Rossa可以算是有史以来最漂亮的汽车之一。塞尔吉奥·斯卡列蒂打造的流动车身醒目且富有侵略性，同时既优雅又时尚。它是真正意义上的最好的意大利汽车设计作品。

长而弯曲发动机舱盖下面是一台3升单顶置凸轮轴V12发动机，发动机的输出功率达到300马力，相当于100马力/升。缸盖被喷涂成红色，而这也是Testa Rossa（意大利语中是"红顶"的意思）名字的来由。

250 Testa Rossa的性能非常出色，0—161千米/时加速仅需16秒，最高速度达到269千米/时。在250 Testa Rossa的众多对手中，玛莎拉蒂450S动力更强劲，阿斯顿·马丁DBR1空气动力学性能更好，捷豹D-Type安装更先进、更有效的盘式制动器。但是在比赛中，法拉利获得了一次又一次的胜利，证明出色的整体磨合完全可以克服个别领域的缺点。

毫无疑问，法拉利250 Testa Rossa一直是世界上最值得拥有的汽车之一。

法拉利250 Pontoon Fender Testa Rossa

原产国	意大利
车身设计	斯卡列蒂
制造时间	1957—1958年
功率	300马力（7200转/分）
最大转矩	381牛·米（5500转/分）
最大速度	269千米/时
0—97千米/时加速时间	6.0秒
变速器	4档手动
发动机	2.953升V12
长度	3959毫米
宽度	1523毫米
轴距	2250毫米
重量	794千克
制动器	鼓式制动器
悬架	不等长A摆臂悬架，装有螺旋弹簧、防倾杆和液压减振器（前）活动轴悬架，装有半椭圆叶片弹簧和液压减振器（后）
拍卖价格	1240万美元（2009年）

法拉利335 Sport Scaglietti

1957年

世界上有很多著名的法拉利赛车，但研发于1957年的法拉利 335 Sport Scaglietti 是其中最具标志性的车型之一。它问世于1957年4月28日举行的赛百灵12小时耐力赛，英国车手彼得·科林斯驾驶它一度领先了20圈，但是后来由于发动机故障最终位居第六名，但这辆新车已经展示出巨大的潜力。

科林斯的赛车，底盘编号为0674，安装了一台全新的3.8升四凸轮轴V12发动机。这台发动机的设计要归功于维托里奥·加诺设计的蓝旗亚D50大奖赛赛车发动机。但法拉利工程师对其进行了改进，安装了双点火和四节流化油器，让发动机的输出功率达到400马力。这台发动机也代表了那个时代最先进的工程技术。

法拉利 335 Sport Scaglietti 也是最好风格和最优设计的体现。斯卡列蒂设计的轻便车身不仅优雅漂亮，而且还有非常出色的空气动力学性能。它的最高速度能达到296千米/时，超过当时绝大多数竞争对手。

法拉利 335 Sport Scaglietti 的操控性也处理得很好，它采用前独立悬架和迪诺轴后悬架，装有横向叶片弹簧和先进的减振器。奇怪的是，法拉利仍然保留了鼓式制动器，即使早在1953年捷豹C-Type已经在勒芒比赛中展现出了盘式制动器的优越性。

但是法拉利没有像一些竞争对手那样停下发展的脚步，作为一辆整体性能出色的赛车，它第二次出现在了在勒芒24小时比赛中。在那里，迈克·霍索恩从一开始就处于领先，并且最终创造了203.015千米/时的最快纪录。

又一次，335 Sport Scaglietti由于发动机问题被迫退赛，但它在随后的比赛中获得了几次胜利，包括在一千英里比赛和委内瑞拉大奖赛中获得冠军，在瑞典大奖赛获得第二名。这些好成绩也帮助法拉利车队赢得了那一年的车队冠军。

后来这辆车被卖给了美国经销商路易吉·希奈蒂，他让它参加了古巴大奖赛，当时在斯特林·莫斯的驾驶下获得冠军，

后来在1958年它又参加了多场美国赛事。随后便被卖给了建筑师罗伯特·杜斯克，最后它被卖给了著名法拉利收藏家皮埃尔·巴迪农。有趣的是，当晚年接受采访时，有人问恩佐·法拉利："为什么他不保留这辆车或者成立一个自己的博物馆。"他回答："不需要，巴迪农已经为我做了这件事。"

法拉利公司总共制造了四辆335 Sport Scaglietti，图中这一辆的驾驶者包括彼得·科林斯、莫里斯·特兰蒂尼昂、沃尔夫冈·凡·提普斯、迈克·霍索恩和斯特林·莫斯，这些人都是20世纪50年代最有名的赛车明星。这辆底盘编号为0674的335 Sport Scaglietti出现在了2016年巴黎艺术品拍卖会上，当时人们的估价在2800万~3200万欧元之间。最终这辆车的成交价定格在了3207.52万欧元(约3591.69万美元)，这个价格在拍卖会上排名第二。

法拉利335 Sport Scaglietti

原产国	意大利
车身设计	双门车身
制造时间	1957年
功率	390马力（7400转/分）
最大转矩	-
最大速度	297千米/时
0—97千米/时加速时间	-
变速器	4档手动
发动机	4.023升V12
长度	4204毫米
宽度	1651毫米
轴距	2350毫米
重量	880千克
制动器	鼓式制动器
悬架	双摇臂式悬架，装有螺旋弹簧和液压减振器（前）迪诺轴悬架，装有横向叶片弹簧和液压减振器（后）
拍卖价格	3591.69万美元（2016年）

法拉利250 GT TdF Berlinetta

1959年

环法比赛（Tour de France）是20世纪50年代最激烈的比赛之一，不管是对赛车还是对赛车手。比赛距离超过5000千米，时间为6~7天，参赛者要在各种环形赛道、爬坡赛道和冲刺赛道比赛，地点主要是在法国，但有时会越过边境进入比利时、德国和意大利。

1956年，一名西班牙贵族阿方索·德·波特拉戈驾驶自己的法拉利250 GT Berlinetta参加环法比赛，并最终获得冠军。波特拉戈本身就是一名运动健将，他曾经作为西班牙雪橇队的一员参加了1956年冬季奥林匹克奥运会，此外他还三次获得法国业余赛马冠军。接下来三年的环法比赛都是由奥利维尔·珍德比恩驾驶另一辆250 GT Berlinetta获得冠军。这些成绩让这辆车获得了一个非官方名字250 GT Tour de France（TdF）。

法拉利公司总共制造了72辆250 GT TdF，尽管它们并不完全一样。基本设计基于250 GT Competition赛车，这辆赛车是由宾尼法利纳设计的，在1955年巴黎车展亮相后立刻成为车展上的一个亮点。几个月后，在1956年的日内瓦车展上250 GT Berlinetta问世，并于同年晚些时候开始量产。最开始250GT Berlinetta的驾驶舱后部侧板上有14个百叶窗，几个月后变成了3个百叶窗，到最后几辆车时百叶窗的数量变成了1个。只有最后几辆车安装了开放式前照灯，并且只有5辆采用了Zagato设计的车身。

底盘并没有变化，前悬架的横向叶片弹簧变成了更有效的螺旋弹簧。变速器基本没有变化，但后来生产的车型安装了由保时捷公司设计的齿轮同时啮合装置。发动机采用的是科伦坡设计的3升V12发动机。

法拉利250 GT是那个时代最成功的3升跑车，它不仅赢得了环法比赛的冠军，而且在很多世界级比赛中获得胜利，这些比赛包括一千英里比赛、塔格·佛罗热比赛、勒芒24小时耐力赛和世界跑车冠军赛。它是真正拥有法拉利DNA的汽车之一，不仅是一辆成功的赛车，而且外观也很迷人漂亮。

2008年伦敦的RM拍卖会上出现了一辆1959年的法拉利250 GT TdF Berlinetta，当时的估价为180万~220万英镑，结果成交价稍高，最终为225.5万英镑（约347.67万美元）。

法拉利250GT TdF Berlinetta

原产国	意大利
车身设计	斯卡列蒂
制造时间	1956—1959年
功率	250马力（7000转/分）
最大转矩	255牛·米（5500转/分）
最大速度	-
0—97千米/时加速时间	-
变速器	4档手动
发动机	2.953升V12
长度	4390毫米
宽度	1650毫米
轴距	2600毫米
重量	1060千克
制动器	鼓式制动器
悬架	双摇臂式悬架，装有螺旋弹簧和液压减振器（前） 活动轴悬架，装有螺旋弹簧和液压减振器（后）
拍卖价格	347.67万美元（2008年）

法拉利246 S Dino

1959年

恩佐·法拉利的儿子迪诺（Dino）在24岁时死于肌肉萎缩症，但是在1957年去世前，他鼓励维托里奥·加诺为法拉利设计一台新型V6发动机。这台发动机在第二年问世，驱动法拉利F1赛车帮助法拉利车队获得车队冠军，以及迈克·霍索恩获得车手总冠军。从那以后，人们称它为"Dino"。

不久，法拉利便将Dino发动机装进跑车里，首先是1958年初的一辆196 S，接着同年晚些时候是一辆2.9升296 S。此时，法拉利公司开始使用一套新的命名系统，前两个数字代表发动机排量，第三个数字代表气缸数量。

在1956年赛季，法拉利公司又制造了另外三辆Dino赛车，第一辆安装小排量发动机并被命名为196 S，另外两辆安装了较大排量的发动机并被称为246 S Dino。它们的V6发动机是相对简单的自然吸气发动机，每个气缸有两个气门，气门由双顶置凸轮轴操控。燃油通过三个韦伯化油器进入燃烧室。这些车还安装了更先进的独立悬架，后悬架用双摇臂取代了老式的活动轴，提高了操控性和道路行驶能力。

流线型车身由凡图齐打造，尽管轴距略短，但它们看起来仍然与早期的搭载V12发动机的250 Testa Rossa很相似，而且区分它们最简单的方法是通过透明的发动机舱盖，数一下进气喇叭口的数量。

法拉利246 S Dino拼尽全力在1960年的塔格·佛罗热比赛中获得第二名，但跑车设计已经向前发展了，而且事实证明中置发动机赛车的速度更快。法拉利也在不断进步，并在1961年推出了246 SP，公司的第一辆后置发动机跑车。

两辆246 S赛车中底盘编号为0778那一辆在1960年纽博格林赛道比赛时在维修站着火，接着铝合金车身完全熔化只剩下裸露零部件的底盘。但是后来法拉利公司修复了它，并将它卖给了美国路易吉·基内蒂的NART车队，在美国吉姆·霍尔驾驶它参加了赛百灵12小时耐力赛。后来，霍尔凭借驾驶查帕拉尔赛车的出色成绩而声名远扬。

后来在2006年人们将发动机的排量更改到2升，并将它修复到最初的技术标准。据说，它的估价至少为300万美元。

法拉利246S Dino

原产国	意大利	长度	–
车身设计	凡图齐	宽度	–
制造时间	1959—1960年	轴距	2160毫米
功率	240马力（7000转/分）	重量	680千克
最大转矩	–	制动器	盘式制动器
最大速度	–	悬架	双摇臂式悬架，装有螺旋弹簧和液压减振器（前）
0—97千米/时加速时间	–		双摇臂式悬架，装有螺旋弹簧和液压减振器（后）
变速器	5档手动		
发动机	2.417升V6	估算价格	300万美元（2008年）

阿斯顿·马丁DB4 GT

1960年

1947年英国实业家大卫·布朗收购了阿斯顿·马丁公司,并投入大量资金来研发一辆新型跑车以及支持车队建设。最终阿斯顿·马丁DB4在伦敦车展上正式问世,随后它在赛道上表现出色,分别获得了勒芒和世界跑车冠军赛的冠军。

DB4搭载了一台全新的3.67升直列6缸发动机,输出功率为240马力。它的0—100千米/时加速时间仅为9秒,最大速度更是达到225千米/时。底盘上面是一个由米兰的图瑞打造的轻便铝合金车身,这样的车身一直生产到1970年,并安装在后来的DB5和DB6上。DB4凭借优雅、强劲和运动的风格,一经问世便获得成功,并帮助公司开始转型。因为阿斯顿·马丁公司多年来在跑车领域一直很成功,但早期道路车领域的表现并不好。

阿斯顿·马丁DB4问世一年后,按照顾客要求阿斯顿·马丁开始研制一辆更轻便更强劲的车型,即DB4 GT。在银石赛道上DB4 GT首次亮相,当时斯特林·莫斯获得杆位,创造了最快圈速,并最终获得冠军。

工程师为了减轻重量,将DB4 GT的长度缩短了127毫米,安装比标准车更薄的铝合金车身,而且在一些车窗上用有机玻璃取代普通玻璃,所有加起来总共节省了84千克。发动机安装了一个双火花塞气缸盖,有高的压缩比,更高地抬升凸轮轴和三个双风门韦伯化油器,所以加起来让发动机的输出功率达到302马力。此外,它还安装了更大、更有效的盘式制动器和限滑差速器,此外在前照灯上加装有机玻璃罩后也有助于改善空气动力性。

结果表明:DB4 GT的0—97千米/时的加速时间仅为6.4秒,0—160千米/时的加速时间仅为14秒。与此同时,它的最大速度也增加到了246千米/时。

1959—1963年间,DB4 GT的产量只有75辆。当时在英国的售价为4534英镑,今天这辆标志性的英国跑车的估价超过100万美元。

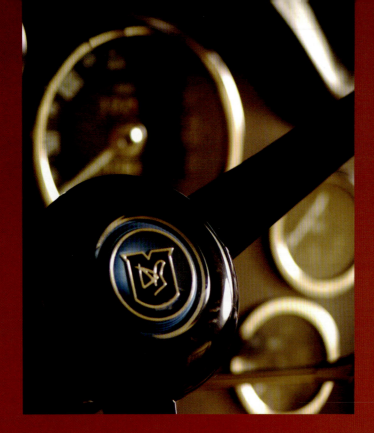

阿斯顿·马丁DB4 GT

原产国	英国
车身设计	图瑞
制造时间	1959—1963年
功率	302马力（6000转/分）
最大转矩	325牛·米（5000转/分）
最大速度	246千米/时
0-97千米/时加速时间	6.4秒
变速器	4速手动
发动机	3.67升直列6缸
长度	4318毫米
宽度	1676毫米
轴距	2362毫米
重量	1269千克
制动器	盘式制动器
悬架	双摇臂式悬架，装有螺旋弹簧和液压减振器（前）活动轴悬架，装有螺旋弹簧和液压减振器（后）
拍卖价格	115.5万美元（2010）

玛莎拉蒂Tipo 61 "Birdcage"

1960年

玛莎拉蒂Tipo 61，俗称"Birdcage（鸟笼）"，是20世纪60年代最好的跑车之一。"Birdcage"来自于它高度错综复杂的管状空间框架结构，它是由200根10毫米和15毫米管，焊接起来形成一个轻便且极其坚固的结构。框架上安装轻便的铝合金面板，这样整车的总重量仅为600千克。再加上250马力的双凸轮轴4缸发动机，Tipo 61在赛道上获得了巨大的成功，它首次亮相就在斯特林·莫斯的驾驶下赢得了1959年Delamare-Deboutteville杯的冠军。

那场胜利并没有维持很长时间，尽管Tipo 61速度很快，却存在很多稳定性问题。因此，尽管斯特林·莫斯和丹·格尼赢得了1960年纽博格林1000千米比赛，但是它从未赢得过世界跑车冠军赛和勒芒24小时耐力赛。但是它在美国的成绩更好，在格斯·奥德利和罗杰·潘斯克驾驶它分别赢得了1960年和1961年的美国赛车俱乐部锦标赛冠军。

最初的Tipo 60（只有六辆）安装了一台195马力2升发动机，但后来换成3升发动机后它才发挥出自己的潜力。尽管重量有所增加，但输出功率也增加到250马力。有趣的是，两台发动机都以45°倾斜安装，以便产生最小的正面区域，进而让空气动力学性能最好。

Tipo 61安装了标准的玛莎拉蒂5档手动变速器和采埃孚限滑差速器。悬架仍然是传统样式，双摇臂式前悬架装有螺旋弹簧和减振器，迪诺轴后悬架装有横向叶片弹簧和伸缩式减振器。格林盘式制动器能提供出色的制动性能，这有助于它充分发挥自己的速度优势。

尽管在赛道上取得的胜利并不多，但Tipo 61仍然是一辆超级跑车，部分原因是它非常稀少。Tipo 61的产量只有16辆，此外还有一辆从早期Tipo 60升级而来。1960年，它的售价仅为3900英镑，但到今天已经涨到了264万美元。

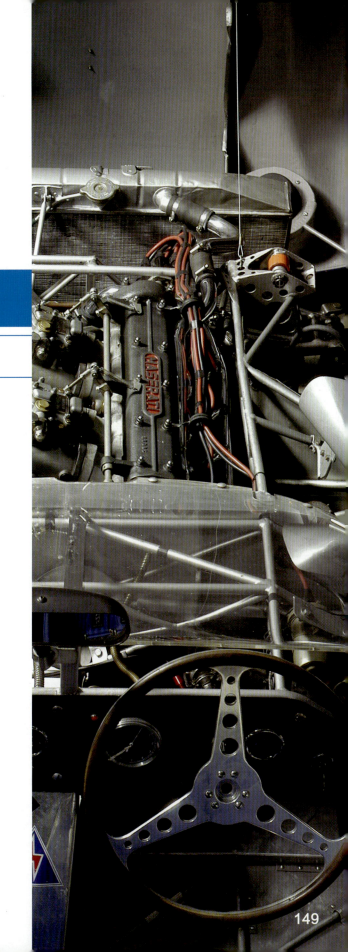

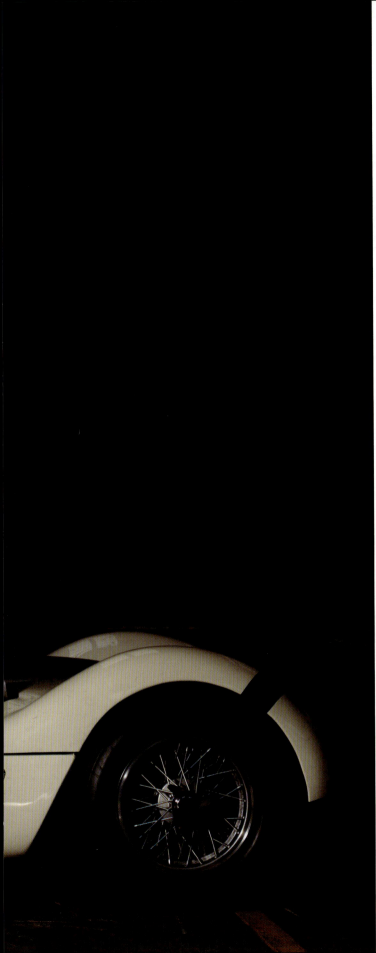

玛莎拉蒂Tipo 61 "Birdcage"

原产国	意大利
车身设计	朱利奥·阿尔菲耶里
制造时间	1959—1960年
功率	250马力（6800转/分）
最大转矩	-
最大速度	285千米/时
0—97千米/时加速时间	-
变速器	5档手动
发动机	2.996升4缸
长度	3800毫米
宽度	1500毫米
轴距	2200毫米
重量	600千克
制动器	盘式制动器
悬架	双摇臂式悬架，装有螺旋弹簧和减振器（前） 迪诺轴悬架，装有横向弹簧和减振器（后）
拍卖价格	264万美元

法拉利250 GT SWB Berlinetta Sefac Hot Rod

1961年

1954年法拉利公司发布了250 GT高速跑车，有想法的赛车手可以驾驶它在最高组别的比赛中证明自己。宾尼法利纳车身不仅快速而且也很优美漂亮。塞尔吉奥·宾尼法利纳描述250 GT，称它为"法拉利设计三次飞跃中的第一次"。250 GT不仅仅是外观漂亮，性能也很出色，在随后几年里赢得了很多胜利。

1959年赛季法拉利使用一个轻质车身，由宾尼法利纳设计，由斯卡列蒂制造，随后它们出现在24小时勒芒耐力赛中，并分别位列第四和第六名。法拉利认为短轴距会让赛车更具竞争力，因此便将轴距缩短到2400毫米，进而制造出250 GT SWB Berlinetta。

法拉利总共制造了200辆短轴距赛车，驾驶者既有业余选手，也有专业赛车手，他们在世界各地赢得了非常多的冠军。

但是到1961年，法拉利面临来自捷豹、阿斯顿·马丁和保时捷的巨大挑战。因此恩佐·法拉利决定对它进行升级，减轻重量和增加发动机的输出功率，最终升级完成的有20辆，它们被官方命名为Comp/61。当时法拉利公司和法国实业家迈克尔·卡瓦利耶合作成立了竞速部门，而且很快凭借超轻重量、超强劲动力和先进悬架，最先进的赛车Sefac Hot Rod也随之诞生。

新型发动机安装了更大的气门，抬升更高的凸轮轴拥有更高的压缩比，它在7000转/分时的输出功率能达到280马力。这台发动机安装在轻便且坚固的底盘上，经过工程师的完美调整，整车的可靠性、操控性和平衡性都非常出色。

新型赛车主导了1961年赛季，在勒芒比赛获得冠军后，又分别在塔格·佛罗热和RAC旅游杯站上最高领奖台。尽管存在空气动力学性能差的问题，它还是战胜了众多国际竞争对手。后来法拉利又在1962年推出了更先进的250 GTO，解决了空气动力学方面的缺陷。

今天，250 GT SWB Berlinetta SEFAC Hot Rod非常少见而且价格极高，在2010年的一场拍卖会上，成交价为610.5万美元。

法拉利250 GT SWB Berlinetta Sefac Hot Rod

原产国	意大利
车身设计	宾尼法利纳
制造时间	1961—1963年
功率	280马力（7000转/分）
最大转矩	264牛·米（5000转/分）
最大速度	257千米/时
0—97千米/时加速时间	5.0秒
变速器	4档手动
发动机	2.953升V12
长度	4430毫米
宽度	1980毫米
轴距	2400毫米
重量	1025千克
制动器	盘式制动器
悬架	双摇臂式悬架，装有螺旋弹簧和减振器（前）
	活动轴悬架，装有半椭圆叶片弹簧和减振器（后）
拍卖价格	610.5万美元（2010年）

阿斯顿·马丁DB4 Zagato

1962年

尽管比标准的DB4更短、更轻便，但DB4 GT仍然太重，而无法在赛道上与法拉利250 SWB Berlinetta相竞争。结果，公司签署协议将半成品底盘用船运到意大利米兰的Zagato工厂安装全新的轻质车身。

在那里，埃尔科尔·斯帕达设计出了有史以来最漂亮的车身之一，新车身不仅优雅而且重量更轻，只有45千克。为了减轻重量，他将钢制部件尽可能换成铝合金材质，并去掉一些不必要的配置，例如保险杠和一些内饰，并更多地采用轻便的有机玻璃。

在设计方面，斯帕达保留了标准DB4 GT的基本形状，并保留了阿斯顿·马丁的传统前脸格栅造型。他还降低了发动机舱盖前端，为此发动机舱盖顶部有一个凸起以给缸盖留出空间。车后的空间刚好容纳备胎和一个燃油箱。

发动机舱盖下面是一台经过升级的DB4 GT发动机，它在6000转/分时的输出功率为314马力。所有一切让整车性能能非常出色，0—97千米/时加速时间仅为6.1秒，最大速度能达到246千米/时。

DB4 GT Zagato于1960年伦敦车展首次亮相后立刻引起轰动，它第一次参加比赛是1961年古德伍德复活节赛，最终斯特林·莫斯获得第三名。赛季末期，它终于在英国银石赛道迎来了第一次胜利。此外，它还参加了1961年、1962年和1963年的勒芒24小时耐力赛，但成绩并不出众。

DB4 GT Zagato于1960年问世时，售价为5470英镑，结果公司计划销售25辆。但到1963年停产时只生产了19辆，但它在1991年又获得了生机，当时四辆原始且未使用的底盘被送往Zagato公司安装车身，成为"公司批准的复制品"。此外，在2000年还有两辆获得批准，利用Zagato遗留下来的车身制造而成。这些现代复制品的售价都超过100万美元，但原始车型才是收藏家的最爱。2005年，一辆DB4 GT Zagato最终的拍卖价格高达245万美元。

阿斯顿·马丁DB4 Zagato

原产国	英国
车身设计	埃尔科尔·斯帕达
制造时间	1960—1963年
功率	314马力（6000转/分）
最大转矩	377牛·米（5400转/分）
最大速度	246千米/时
0—97千米/时加速时间	6.1秒
变速器	4档手动
发动机	3.670升直列6缸
长度	4267毫米
宽度	1557毫米
轴距	2362毫米
重量	1225千克
制动器	盘式制动器
悬架	双摇臂式悬架，装有螺旋弹簧和减振器（前） 活动轴悬架，装有螺旋弹簧和减振器（后）
拍卖价格	245万美元（2005年）

法拉利250 GT California Spyder SWB

1962年

法拉利委托宾尼法利纳基于250 GT设计一款敞篷跑车,新车于1956年问世,并于第二年在日内瓦车展上展出。后来,F1车手彼得·科林斯经常驾驶它参加比赛,他还将原来的制动盘换成了更先进的邓禄普制动盘,这也让这辆车成为第一辆安装这种装置的法拉利汽车。

尽管科林斯一直很努力,这辆宾尼法利纳敞篷车却没有成为赛车的潜力。它的钢制车身太重,而且里面有很多对赛车来说是多余的奢华装饰。

在美国,进口商约翰·冯·诺依曼和路易吉·基内蒂设法让法拉利相信那样一辆可以参加比赛的敞篷跑车在美国有很大的市场。结果,法拉利基于250 GT Tour de France 制造了一辆敞篷跑车,并将它命名为250 GT California Spyder,新车也于1957年底开始在美国销售。尽管它看起来与宾尼法利纳的敞篷跑车很相似,但车身其实是斯卡列蒂制造的。所有的California车身都很相似,但顾客可以选择安装开放式或打开式前照灯。

事实上,这辆车并不完全适合赛车跑道,主要是因为太重、轴距长。但是在1960年出现了一辆改进后的California Spyder,工程师给它安装了更强劲的发动机,并改进了制动系统和悬架系统,更重要的是法拉利为250 GT Berlinetta推出了短轴距底盘,让它的轴距变短成为可能。安装新底盘后,它的轴距从2600毫米缩短到2400毫米,这不仅有效减轻了重量,而且改进了操控性。

新型发动机采用了改进的气缸盖,它包含12个进气口,让发动机的输出功率也从240马力增加到280马力。此外,工程师还将离合器升级到赛车规格,并且用伸缩式减振器取代了老式的杠杆减振器,极大地增强了悬架性能。

结果,它不仅速度快,而且也是当时最漂亮的法拉利之一。法拉利在1960—1963年间共制造了57辆250 GT California Spyder,如今它们都是最昂贵的法拉利之一。

2008年,好莱坞明星詹姆斯·科本的250 GT SWB California Spyder出现在了拍卖会上,最早的成交价超过700万欧元,这让它成为当时拍卖价格最高的汽车。

法拉利250GT California Spyder SWB

原产国	意大利
车身设计	斯卡列蒂
制造时间	1960—1963年
功率	280马力（7000转/分）
最大转矩	275牛·米（5500转/分）
最大速度	257千米/时
0—97千米/时加速时间	7.0秒
变速器	4档手动
发动机	2.953升V12
长度	4200毫米
宽度	1720毫米
轴距	2400毫米
重量	1065千克
制动器	盘式制动器
悬架	双摇臂式悬架，装有螺旋弹簧和减振器（前）
	活动轴悬架，装有螺旋弹簧和减振器（后）
拍卖价格	930.48万美元（2008年）

法拉利330 TRI/LM Testa Rossa

1962年

虽然所有拥有比赛历史的法拉利都很特别，但法拉利330 TRI/LM肯定是独一无二的。它是法拉利曾经制造的唯一一辆4升Testa Rossa，是第一系列Testa Rossa中的最后一辆，是最后一辆前置发动机跑车，是赢得勒芒比赛的最后一辆前置发动机赛车。

在1962年勒芒比赛中，组织者更改规则引入了一个新的4升组别，并且恩佐·法拉利看到这是一个进一步发展Testa Rossa系列的机会。

工程师将法拉利Superamerica的4升V12装进一个细长的底盘，并安装三个双韦伯化油器，让它的输出功率达到360马力。但是抵达勒芒前，工程师又对发动机进行了改装，让12个气缸都有独立的进气口，并安装六个双韦伯化油器，让它输出功率提高到390马力。

悬架与早期的Testa Rossa类似，前后都是双摇臂式悬架，装有螺旋弹簧和伸缩式减振器。车身由凡图齐设计，后来它进化成熟悉的GTO车身造型，包含一个低车头和一个高车尾，以减小空气阻力。此外，车后还加装了一个尾翼以提高高速行驶的稳定性，并且尾翼还可以充当翻车保护杆。工程师改进了5档变速器并安装先进的邓禄普盘式制动器，以提高制动力。事实上，离合器有一个问题，驾驶250 TRI在前一年赢得勒芒比赛冠军的驾驶者菲尔·希尔和奥利维尔·珍德比恩在驾驶时发现为了防止离合器打滑，他们不得不提前更换档位。

尽管存在这样的问题，他们还是以领先第二名（一辆法拉利250 GTO）5圈的巨大优势获得冠军。经过这次胜利后，法拉利便将它卖给了美国进口商路易吉·基内蒂，他的NART车队继续用它参加比赛，直到在1963年的勒芒比赛中出现重大事故。

后来，基内蒂从凡图齐那里订购了一个开放式敞篷车身和一个原始的轿车车身。最初，基内蒂安装了一个敞篷车身，后来又换成了轿车车身，最后它又被恢复到1962年勒芒比赛时的配置。2002年，它被拍出了650万美元的高价，成为当时售价最高的法拉利跑车。毫无疑问，这辆独一无二的法拉利价格会继续上涨，在2007年法拉利总部所在地马拉内罗的一场拍卖会上，它最终的成交价高达687.5万欧元（约908.67万美元）。

法拉利330TRI/LM Testa Rossa

原产国	意大利
车身设计	凡图齐
制造时间	1962年
功率	390马力（7500转/分）
最大转矩	–
最大速度	–
0—97千米/时加速时间	–
变速器	5档手动
发动机	3.967升V12
长度	4520毫米
宽度	1590毫米
轴距	2420毫米
重量	820千克
制动器	盘式制动器
悬架	双摇臂式悬架，装有螺旋弹簧和减振器（前）
	双摇臂式悬架，装有螺旋弹簧和减振器（后）
拍卖价格	908.67万美元（2007年）

谢尔比代托纳（Shelby Daytona）Coupé

1963年

卡罗尔·谢尔比的眼镜蛇是1963年赛季美国最成功的跑车之一。1962年，谢尔比采用英国AC公司的Ace底盘，将一台福特V8发动机装了进去。经过进一步发展，AC眼镜蛇展现在世人面前，而且为了能够让眼镜蛇参加美国跑车俱乐部冠军赛，公司很快生产了第一批共100辆（当时比赛规则规定，参赛车辆的产量不能少于100辆）。

眼镜蛇跑车在第一次比赛中就展示出了快速和灵活的特点，后来工程师更换了更强劲的发动机，它的速度变得更快。但是它发展的脚步并没有停下，它赢得了美国短道赛的冠军，展现出自己出色的空气动力性。这样的成功说服谢尔比制造一个特质的封闭式车身（最初的眼镜蛇跑车都是敞篷跑车），在测试中Coupé的速度比原来的敞篷车快20千米/时。

在1964年Daytona国际赛中，新型眼镜蛇Coupé第一次亮相，它一直处于第一梯队，但维修站的一场大火让它被迫退赛，从那以后它就被人们称为眼镜蛇Daytona Coupé。随后它又参加了一些比赛，在赛百灵12小时耐力赛中获得GT组别第四名，这样的成绩足以让福特公司全力支持它参加享誉世界的勒芒24小时耐力赛。

一个编号为CSX2299的新底盘被送到意大利Gransport公司安装车身。在那一年的勒芒比赛中，丹·格尼和鲍勃·邦杜兰特驾驶它获得GT组别冠军和总成绩第四名。更重要的是对福特公司（此前曾计划收购法拉利但遭到拒绝，并且GT40计划还不成熟）来说，Shelby Daytona帮助公司在勒芒赛道打败了法拉利。在随后的古德伍德、Daytona、赛百灵、纽博格林和兰斯比赛中它又赢得冠军。1964—1965年间，Gransport公司共完成了4辆新车，让Daytona Coupé的总数增加到6辆。

Daytona Coupé是一辆标志性的美国赛车，再加上总数只有6辆，在今天它的价值会非常高。底盘编号CSX2300在2000年的售价为400万美元；底盘编号CSX2601在2009年的售价为725万美元；最重要的CSX2299最近一次的拍卖价格高达800万美元。

谢尔比代托纳(Shelby Daytona) Coupé

原产国	英国/美国
车身设计	Gransport
制造时间	1964—1965年
功率	380马力(7000转/分)
最大转矩	461牛·米(4000转/分)
最大速度	307千米/时
0—97千米/时加速时间	4.0秒
变速器	4档手动
发动机	4.727升V8
长度	4150毫米
宽度	1720毫米
轴距	2290毫米
重量	1043千克
制动器	盘式制动器
悬架	双摇臂式悬架,装有螺旋弹簧和减振器(前)
	双摇臂式悬架,装有螺旋弹簧和减振器(后)
拍卖价格	800万美元

福特GT40

1964年

福特GT40的出现要归功于一笔没有谈成的买卖。20世纪60年代初期,美国汽车巨头福特公司想要买下意大利超级跑车制造商法拉利公司90%的股份。双方在大约1000万美元的价格上基本达成一致,但法拉利的未来赛车活动成为不可逾越的症结所在。在交易过程中,福特公司想要获得法拉利赛车部门10%的股份,但是恩佐·法拉利坚持拥有100%的控制权,无论何时何地。

当交易破裂后,福特公司CEO亨利·福特二世将此事归咎于法拉利的不妥协,他命令福特公司的先进车辆部门立即开始研制一辆能让法拉利丢脸的赛车,在勒芒和长距离GT比赛中战胜法拉利。

果然,在1964年4月新型GT40出现在大家面前。它是基于一直处于研发阶段的Lola GT研制的,尽管看起来很厉害,却毫无竞争力。

1965年赛季,福特公司将GT40交到了卡罗尔·谢尔比手中,谢尔比开始对其进行大规模改进,他保留了原始的单体结构,但安装上了在谢尔比眼镜蛇上表现出色的福特V8发动机。这辆车的第一场比赛是Daytona国际公开赛,在肯·迈尔斯和劳埃德·鲁比驾驶下,它以160.7千米/时的平均速度获得冠军。还有更好的消息,前五名中有两辆GT40和三辆搭载福特发动机的Daytona Coupé,三辆参赛的法拉利赛车都未能完成比赛。

第二年,三辆福特GT40在勒芒24小时耐力赛中获得前三名。1967年,一辆GT40再次获得冠军,之后这辆车在格尔夫赞助下再次赢得了1968年和1969年勒芒比赛的冠军。

福特GT40名字中40代表的是车身高度仅为40英寸,赢得多次冠军后它就成为一个真正意义上的标志性车型。福特公司总共生产了126辆,大都安装了不同型号的发动机。

每一辆GT40都很特别,但赢得它第一场比赛胜利的那辆是最珍贵的。尽管后来人们将它原始发动机更换成印第比赛发动机,但它仍然具有极大的历史价值。

福特GT40

原产国	美国
车身设计	福特
制造时间	1964—1966年
功率	350马力（7200转/分）
最大转矩	393牛·米（5600转/分）
最大速度	264千米/时
0—97千米/时加速时间	5.3秒
变速器	5档手动
发动机	4.184升V8
长度	4028毫米
宽度	1778毫米
轴距	2421毫米
重量	862千克
制动器	盘式制动器
悬架	双摇臂式悬架，装有螺旋弹簧和减振器（前）双拖曳臂式悬架，装有螺旋弹簧和减振器（后）
拍卖价格	250.25万美元（2005年）

谢尔比眼镜蛇车队CSX 2431

1964年

位于泰晤士河畔伦敦西南部的AC汽车公司是英国众多独立汽车制造商中的一家。截至20世纪60年代初期，它只生产了少数几辆搭载布里斯托尔发动机的AC Ace 敞篷跑车和Aceca跑车。当时，它们展现出优异的性能，最大速度能达到188千米/时，0—97千米/时加速时间仅为7.4秒。

曾经的美国赛车手卡罗尔·谢尔比看到了AC底盘的巨大潜力，他来到AC公司建议在底盘上安装一台V8发动机和先进的变速器。1961年，两台福特发动机被船运到伦敦的AC公司工厂，接着AC公司的工程师又安装了一个博格华纳变速器和一个索尔兹伯里后差速器。

由于福特V8发动机的输出功率太大，需要进行进一步调整，但后来工作进行得很顺利。接着在排量更大的4.260升和4.736升发动机的安装过程中也基本没遇到大问题。

新车型快速、灵活，不仅是一辆出色的道路汽车，而且立即在赛道上证明了自己的实力。两辆新车参加了1963年的勒芒24小时耐力赛，谢尔比驾驶的那一辆由于机械故障而退出比赛，而AC公司的那一辆以第七名完成比赛，并创造了259千米/时的最大速度。

接下来两年，在1964年和1965年，谢尔比的眼镜蛇车队车手肯·迈尔斯不仅多次赢得比赛，而且还与谢尔比一起使用CSX 2431底盘研发和测试眼镜蛇车队的赛车，其中就包括Daytona Coupé。他们对新车进行了很多改进，包括安装侧吸式韦伯化油器，以及对发动机进行调整，使输出功率增加了75马力。

肯·迈尔斯是一名英国人，他总是将BRDC（British Racing Drivers'Club的缩写，意思是英国赛车手俱乐部）的标志印在自己赛车车门的突出位置。

早期的眼镜蛇赛车是那个时代最炙手可热的跑车，多年来很多都以100万~200万美元的价格几经倒手。但是如果底盘编号CSX 2431出现在市场上，它的价格会更高，因为它代表着眼镜蛇赛车光荣的比赛历史。有人认为它的估价超过250万美元。

谢尔比眼镜蛇车队CSX 2431

原产国	英国/美国
车身设计	AC公司
制造时间	1964—1965年
功率	271马力（5750转/分）
最大转矩	423牛·米（4500转/分）
最大速度	217千米/时
0—97千米/时加速时间	5.0秒
变速器	4档手动
发动机	4.727升V8
长度	3960毫米
宽度	1720毫米
轴距	2290毫米
重量	1045千克
制动器	盘式制动器
悬架	双摇臂式悬架，装有反向叶片弹簧和减振器（前） 双摇臂式悬架，装有反向叶片弹簧和减振器（后）
估算价格	250万美元

法拉利250 LM

1966年

恩佐·法拉利有全力利用赛事规则的名声，因为他认为这样会让自己的赛车更具竞争优势。但是在20世纪60年代初期，他在250 LM做得太过火，进而没有逃过赛事组织者的眼睛。

当时，为了参加国际汽联GT冠军赛，制造商必须制造最少100辆。但是1962年250 GTO参赛时的产量只有39辆，因为恩佐·法拉利成功说服国际汽联250 GTO只是250 GT SWB的一个子版本。

接着他继续制造250 LM，它既可以用作道路汽车，也可以用作赛车，它也是法拉利制造的第一辆中置发动机道路汽车。到1964年，法拉利只制造了少数几辆，结果法拉利宣称它是250 GTO的进一步发展。这一次，国际汽联对此表示怀疑，他们坚持认为将发动机从前部移动到中间可不只是改装这么简单。

结果，250 LM必须进入原型车组别而不是GT组别，但是在赛场上它仍然证明了自己的价值。在技术方面，250 LM已经被福特GT40全面超越，但是在1965年的勒芒24小时耐力赛中，路易吉·基内蒂的NART车队中的一辆法拉利250LM第一个冲过了终点线，当时的驾驶者是乔臣·林特和马斯廷·格里高利。那一年，所有的GT40都没有参赛，但是这并没有降低250 LM冠军奖杯的色彩。

250 LM在1963年的巴黎车展首次亮相，驾驶室后部装有一台2.933升V12发动机。后来车辆都安装了3.286升V12发动机，根据法拉利的命名规则，它们应该被称作275 LM，但是也许为了让人们认为它是250 GTO的进一步发展，它们仍然沿用原来的250 LM这个名字。

法拉利250 LM的产量只有32辆，其中一辆由宾尼法利纳安装了红色皮革内饰和电动车窗供道路使用。剩余31辆全部都是赛车，很多车队又拥有它们，例如美国的NART、英国的Maranello Concessionaires、瑞士的Scuderia Filipinetti和比利时的Ecurie Francorchamp车队。

所有的法拉利250 LM都有出色的比赛历史，它们的价格非常高，很少有人选择出售。最近一次250 LM的售价高达570万美元。

法拉利250LM

原产国	意大利
车身设计	宾尼法利纳
制造时间	1963—1966年
功率	320马力（8000转/分）
最大转矩	294牛·米（5500转/分）
最大速度	257千米/时
0—97千米/时加速时间	6.1秒
变速器	5档手动
发动机	3.286升V12
长度	4090毫米
宽度	1700毫米
轴距	2400毫米
重量	861千克
制动器	盘式制动器
悬架	双摇臂式悬架，装有螺旋弹簧和减振器（前） 双摇臂式悬架，装有螺旋弹簧和减振器（后）
拍卖价格	570万美元（2005年）

法拉利NART Spyder

1967年

20世纪50~60年代之间，美国进口商路易吉·基内蒂是法拉利品牌发展中最重要的人物之一。正是他在1957年说服法拉利为美国市场研制250 GT California，也是他在1966年要求法拉利研制275 GTB/4的敞篷版。

起初，因为公司刚刚推出了豪华的330 GTS Spyder，恩佐·法拉利拒绝了他的要求。但是基内蒂（曾经在1949年驾驶法拉利赛车赢得勒芒比赛的冠军，而且他非常清楚美国顾客想要些什么）坚持要一辆高性能Spyder跑车。

最终在1967年法拉利作出让步并委托斯卡列蒂研制一个铝合金敞篷车身。很快基内蒂又给它安装了翻车保护杆，让它参加了赛百灵24小时耐力赛。尽管是第一次参加比赛，但它还是获得了自己组别的第二名，并被称作法拉利NART（基内蒂车队的缩写，North American Racing Team，意思是北美赛车队）Spyder。

它搭载了一台3.3升V12发动机，装有四根凸轮轴和六个韦伯化油器。标准工况下发动机的输出功率为300马力，竞速状态下能达到330马力。独立悬架和5档变速器都是从宾尼法利纳的275 GTB/4借鉴而来，它们都有助于确保最佳的重量分布。

也许是过于乐观，基内蒂一次就订购了25辆NART Spyder，但事实上基内蒂只卖出了10辆，而且大部分还是打折的。在卖出的10辆中，只有两辆使用原来的铝合金车身，其余8辆采用稍重但更便宜的钢制车身。

NART Spyder最著名的顾客之一是电影演员史蒂夫·麦奎因，他在电影《偷天游戏》中驾驶那一辆赛百灵比赛用车。它是基内蒂的一个巧妙的宣传布局，为了满足好莱坞的要求，基内蒂不得不将它重新喷涂成紫红色，因为人们感觉紫红色比原始的淡黄色要好看得多。

后来，诺曼·西尔弗买下了这辆车并将它恢复原色，一直保留到他1985年去世。另一辆NART Spyder在1998年被出售，售价为200万美元，它的底盘编号为09437，由于装有铝合金车身并拥有一定的比赛历史，它的价值还会不断升高。果然，在2005年的一场拍卖会上，成交价高达396万美元。

法拉利NART Spyder

原产国	意大利
车身设计	斯卡列蒂
制造时间	1967—1968年
功率	300马力（8000转/分）
最大转矩	294牛·米（5500转/分）
最大速度	250千米/时
0—97千米/时加速时间	6.7秒
变速器	5档手动
发动机	3.286升V12
长度	4409毫米
宽度	1725毫米
轴距	2400毫米
重量	1114千克
制动器	盘式制动器
悬架	双摇臂式悬架，装有螺旋弹簧和减振器（前） 双摇臂式悬架，装有螺旋弹簧和减振器（后）
拍卖价格	396万美元（2005年）

迈凯伦F1

1996年

戈登·默里是迈凯伦F1发展背后的男人，他拥有实现理想的坚定信心。迈凯伦F1是世界上最快速、最纯粹的超级跑车，制造时不考虑任何成本。它搭载了一台自然吸气发动机，搭配先进的涡轮增压器，而且重量保持在最小值。车上几乎没有电子辅助驾驶装置——牵引力控制系统，甚至没有ABS。

单体底盘由聚合材料制成，它也是世界上第一种采用这种昂贵技术的量产汽车。此外，车上很多地方还使用了钛合金、镁合金、凯夫拉材料甚至黄金。

默里原本想要使用衍生自当时迈凯伦-丰田F1赛车的丰田发动机，但当他发现无法实现后，他转向了宝马公司研制的新型V12发动机，这台发动机的输出功率高达626马力，转矩高达651牛·米。再加上超轻的车身重量，它的0—97千米/时加速时间仅为3.2秒，最大速度能达到372千米/时，这也让它成为当时世界上速度最快的量产跑车，并且直到很多年后才被超越。

迈凯伦F1也尽可能紧凑，而且为了实现这一点，默里采用了一个特殊的座椅配置，驾驶者坐在中间，两个乘客座椅分别位于驾驶者两侧斜后方。当迈凯伦F1问世时，公司宣称这样的座椅配置是独一无二的，但事实上，早在1947年一辆蓝旗亚原型车的海报上就出现了这种座椅配置。

作为默里要求最纯粹工程和设计的组成部分，彼得·史蒂文斯设计的车身没有明显的断裂。车尾装有一个不起眼的后尾翼，它在强制动时可以进行调节以平衡车辆重心。总之，车身设计创造了一定程度的地面效应以增加高速时的下压力，让阻力系数降低到惊人的0.32。

迈凯伦最初打算出售300辆迈凯伦F1，但最终只生产了106辆，其中64辆是标准的道路跑车，剩余的都是原型车和赛车，此外还有五辆高标准的F1 LM车型。

迈凯伦F1发售时的价格为97万美元，但如此稀有的超级跑车的价格肯定会不断攀升。2008年其中一辆被拍出了近400万美元的高价。

迈凯伦F1

原产国	英国
车身设计	彼得·史蒂文斯
制造时间	1993—1998年
功率	626马力（7400转/分）
最大转矩	651牛·米（5600转/分）
最大速度	372千米/时
0—97千米/时加速时间	3.2秒
变速器	6档手动
发动机	6.064升V12
长度	4288毫米
宽度	1820毫米
轴距	2718毫米
重量	1138千克
制动器	盘式制动器
悬架	双摇臂式悬架，装有螺旋弹簧和减振器（前）
悬架	双摇臂式悬架，装有螺旋弹簧和减振器（后）
拍卖价格	392.07万美元（2008年）

阿斯顿·马丁DB10

2014年

回到电影《皇家赌场》，詹姆斯·邦德的座驾是一辆1931年搭载4.5升增压发动机的宾利跑车，这辆车是基于勒芒比赛冠军赛车研制的，在1929—1931年间的产量只有55辆。后来在电影《金手指》中邦德得到了一辆现代跑车——阿斯顿·马丁DB5，这辆车装备了防弹板、机枪和标志性的弹射座椅。

从那时起，阿斯顿·马丁就是詹姆斯·邦德的同义词，过去50年里24部电影中有12部都使用阿斯顿·马丁跑车。因此在2015年电影《幽灵党》中再次出现阿斯顿·马丁跑车就显得一点也不奇怪。

DB10的产量只有10辆，它们都是不计成本以纯手工打造的，由阿斯顿·马丁英国盖登工厂的一个专门的小组来负责。公司依靠电影在全球的宣传就收回了成本，但他们也用这辆车来暗示阿斯顿·马丁的未来设计和样式，因此它在各大车展上充当类似概念车的作用。

阿斯顿·马丁首席设计师马雷克·瑞克曼在2014年12月伦敦DB10的发布会上谈道："创造阿斯顿·马丁DB10多年来一直是我们密切关注的问题。人们会在DB10身上看到下一代阿斯顿·马丁未来设计的方向。"

但是不像其他概念车，DB10是可以驾驶的。它使用阿斯顿·马丁Vantage跑车底盘，上面搭载了一台4.7升自然吸气V8发动机。此外工程师还安装了碳陶瓷制动器，并对悬架进行了升级。6档变速器安装在后部以分配重量，据说它的最大速度能达到304千米/时。

包括蛤壳状发动机舱盖在内的光滑外饰由碳纤维制成，这样避免了前面任何线条的干扰。内饰与现代阿斯顿·马丁跑车相同，都是优雅的皮革、铝合金和碳纤维组合。

据说，最初10辆DB10中有8辆在电影拍摄期间被撞毁，剩余两辆中的一辆在克里斯蒂拍卖会上被拍卖，拍卖所得价款都捐给了一些慈善组织，例如无国界医生组织、联合国排雷行动处以及其他慈善团体。

有趣的是，这辆车的销售有一些特别的限制：这辆车是作为收藏品出售的，它没有同系车型，不能在任何公共道路上行驶，并且它没有完成作为量产车的测试工作,其中包括但不限于乘员安全、碰撞测试、耐久性以及排放物测试。

"为了避免麻烦,出售的车辆没有任何形式的担保,克里斯蒂拍卖行不会对车辆质量作出任何承诺。"

尽管如此,最终的成交价还是高达243.45万英镑,超出了估价即100万英镑。

阿斯顿·马丁DB10

原产国	英国	宽度	1625毫米
车身设计	双门车身	轴距	2350毫米
制造时间	2014年	重量	835千克
功率	440马力（7300转/分）	制动器	鼓式制动器
最大转矩	247牛·米（6600转/分）	悬架	双摇臂式悬架，装有扭力杆和减振器（前）
最大速度	304千米/时		拖曳轴悬架，装有纵向扭力杆和减振器（后）
0—97千米/时加速时间	–		
变速器	6档手动	拍卖价格	243.45万英镑（2014年）
发动机	4.7升V8		
长度	4025毫米